MALVINAS, GEORGIAS Y SANDWICH DEL SUR, ANTE EL CONFLICTO CON GRAN BRETAÑA

I.S.B.N. 950-0169-00-2

IMPRESO EN LA ARGENTINA
Esta edición de 127.050 ejemplares en idiomas castellano
inglés, francés, portugués, alemán e italiano se terminó
de imprimir sobre papeles de Witcel S.A. y Ledesma S.A.
en el mes de agosto de 1982 en los talleres gráficos
Algraf, Santiago del Estero 752, Lanús Oeste -
Provincia de Buenos Aires - Argentina.

CONTRAALMIRANTE (RS) LAURIO H. DESTEFANI

MALVINAS, GEORGIAS Y SANDWICH DEL SUR,
ante el conflicto con
Gran Bretaña

Corbetas Descubierta y Atrevida. Expedición Malaspina (1789 - 1794). Acuarela de E. Biggeri.

EDIPRESS S.A.
Sgo. del Estero 286 - Piso 6o. Dto. 1
Buenos Aires - Argentina

Contraalmirante (RS)
Laurio H. Destéfani

Jefe del Departamento de Estudios Históricos Navales de la Armada Argentina.

Licenciado en Historia (Universidad de Buenos Aires).

Miembro de Número y Secretario de la Academia Nacional de la Historia.

Doctor (Honoris Causa) de la Universidad de San Juan Bosco - Comodoro Rivadavia.

Miembro de la Comisión Nacional de la Reconquista y Defensa de Buenos Aires.

Presidente del Instituto Browniano.

Izamiento del Pabellón Argentino en Islas Malvinas (Puerto Soledad), 6 de Noviembre de 1820. Oleo de Emilio Biggeri.

INTRODUCCION

Con el aporte de las empresas privadas y estatales que se mencionan aparte, se solventó en su totalidad la publicación de este libro sobre una idea de la empresa periodística y editora EDIPRESS S.A. consistente en la edición en castellano, inglés, francés, alemán, portugués e italiano y su distribución en todos los países del mundo, frente a la necesidad de una difusión masiva y esclarecedora de la verdad argentina.

Se podrá llegar así a que comprendan lo substancial de nuestros derechos personas que no tienen acceso a literatura más amplia sobre nuestras islas Malvinas y especialmente en el extranjero.

La verdad geográfica, histórica y legal, simple y sin exageraciones, son la mejor defensa de nuestros derechos de soberanía sobre los tres archipiélagos australes y las rocas Cormorán y Negra (Auroras).

En momentos de terminar esta obra sigue la lucha y las conversaciones de paz no llegan a buen fin; pero es el momento de retemplar nuestro ánimo, porque cueste lo que cueste y dure lo que dure, los tres archipiélagos deberán ser nuestros, porque es justicia.

A todos los que colaboraron con aportes y trabajo, en especial al Personal del Departamento de Estudios Históricos Navales, mi mayor agradecimiento.

Buenos Aires, 24 de mayo de 1982

LAURIO H. DESTEFANI
Contraalmirante (RS)

LAS MALVINAS SON ARGENTINAS

Por razones históricas, pues fueron de España hasta 1811 y, en consecuencia, de Argentina por herencia hasta 1833 en que fueron usurpadas por Gran Bretaña en plena paz y amistad con nuestro país.

Por razones geográficas, pues están dentro de la plataforma submarina argentina a una distancia de 346 kilómetros, mientras se hallan a 12000 kilómetros de Inglaterra.

Por razones de derecho internacional, desde Tordesillas y por tratados sucesivos hasta Nootka Sound-1790, siempre fueron españolas y Argentina las heredó, ocupó y ejerció su soberanía.

Las Georgias y las Sandwich del Sur son argentinas por geografía, proximidad y hechos históricos de soberanía.

Finalmente, porque desde 1833 en que fuimos agredidos, nunca hemos renunciado a ellas, ni jamás lo haremos.

DEDICADO A LOS DOCTORES RICARDO CAILLET BOIS Y ERNESTO J. FITTE QUE FUERON INOLVIDABLES MAESTROS Y AMIGOS.

CAPITULO I

El Imperialismo inglés

Cuando el 2 de abril de 1982 la Argentina recuperó las islas Malvinas y Georgias del Sur, reafirmó sus derechos sobre los tres archipiélagos australes (incluidas las islas Sandwich). Continuó una guerra que empezó Inglaterra, cuando el 3 de enero de 1833, usurpó las Malvinas en plena paz, pues estaba en vigencia el tratado de Amistad, Comercio y Navegación de 1825, entre ambos países. No queda duda entonces de que las acciones argentinas del 2 de abril de 1982, fueron una respuesta a esa usurpación, luego de un siglo y medio de pacientes negociaciones sin ningún resultado.

Basta ver un planisferio y observar el Océano Atlántico, visualizar las islas, para comprender que geográficamente, los tres archipiélagos australes en disputa sólo pueden pertenecer a la Argentina; pero el conocimiento de los hechos históricos sólidos, aquéllos que no pueden negarse, aunque se discutan en detalles, son los fundamentales para establecer que la soberanía de esos archipiélagos pertenece exclusivamente a la Argentina.

Cuando ocurrió la ocupación inglesa de las islas, Argentina acababa de librar dos guerras trascendentales; la de la Independencia y la del Brasil y se hallaba ocupada en una ardua controversia interna para fijar su futuro político e institucional.

En la guerra de la Independencia, la Argentina no sólo se liberó de España sino que libertó a Chile y al Perú y aún intervino en la independencia del Ecuador. Más aún no estableció lazos de unión política o comercial con las naciones liberadas, sino que dejó a ellas completamente libres, pese al precio pagado con la sangre de sus hombres. En ese sentido la gesta Sanmartiniana fue ejemplar en su realización y uno de los raros hechos históricos de ese tipo en la historia universal.

Esta Nación liberadora de naciones, se vio luego abocada a la defensa de lo que siempre había sido su territorio y debió librar una dura lucha con el Imperio del Brasil, durante la cual desgastó su pequeño poderío naval.

La lucha civil fue un producto de ideas diferentes y respetables, sobre la organización del país, pero produjo una situación de debilidad interna.

Fue en ese momento de la Argentina herida y desorganizada, que Inglaterra aprovechó un zarpazo dado por una nave norteamericana, para despojar a una nación de la cual era buena amiga, ya que complementaba su economía basándose en la fuerza que le daba su condición de reina de los mares.

¿Habrá que creer que las naciones del hemisferio norte desconocen estos acontecimientos o que los intereses comerciales o económicos tienen más importancia para ellos que la justicia?

Pocas veces se ha actuado tan unánimemente y con sanciones tan duras como en este caso, en que la Argentina sigue una lucha no provocada por ella y que empezó, lo repetimos, en 1833.

No ocurrió nada parecido cuando se sometió a Checoeslovaquia o Hungría, para no citar nada más que un ejemplo.

En esta contienda se está librando una batalla mayor, la del reconocimiento y valoración por el mundo, del derecho y la libertad o su acatamiento materialista ante la fuerza o la conveniencia.

Es una lucha que viene de muy lejos en el tiempo, es en realidad la lucha básica del hombre. Si triunfa el derecho, la justicia y la libertad, el hombre se eleva en su marcha hacia la perfección y acercamiento a Dios; si no desciende a la "ley de la selva", que abandonó en la prehistoria.

Hacia mediados del siglo XVI, España era la primera nación del mundo y dominaba los mares con sus flotas de guerra y con sus naves descubridoras y aquéllas que traían los tesoros de América. Fue entonces cuando comenzó a gestarse una empresa nueva por su concepción y concreción.

Hasta la época moderna, los grandes imperios habían resultado de choques en que naciones más poderosas o civilizadas, tomaban parte con sus ejércitos, a veces acompañadas de escuadras auxiliares y conquistaban territorios de las naciones vencidas e iban aumentando el tamaño de su territorio. Así había ocurrido con el Imperio Egipcio, el Asirio, el Macedónico y el Romano.

El Imperio de España se basó en la conquista de América, donde reinos y tribus tenían un cierto grado de civilización, pero no eran fuertes en el mar. Lo distinto fue que América estuviese a tanta distancia de Europa y que todo el poder español debiera ser transportado a través del océano.

La constitución del Imperio inglés se hizo también en América, en Asia, en Oceanía y en Africa, posiciones situadas también alejadas y separadas por grandes océanos y para consolidar su imperio Inglaterra consideró necesario ser la "Reina de los mares", es decir, dominar absolutamente el ámbito marítimo. El período cumbre de la creación de ese imperio ocurrió en el siglo XIX y su decadencia comenzó con la pérdida de esa supremacía absoluta en el mar, después de la Segunda Guerra Mundial.

Inglaterra libró una larga lucha para consolidar su imperio y se consideró dueña de los mares en 1805, luego de haber librado la decisiva batalla naval de Trafalgar, el 21 de octubre de 1805. Hasta esa fecha su supremacía no fue total, le era disputada y aún en algunas guerras, como la de la revolución de su gran colonia americana, fue derrotada.

En 1588 la Armada Invencible de Felipe II de España fue vencida. Es este un hecho histórico muy importante que comenzó a cambiar el liderazgo de los mares, un "mentís" a la teoría marxista de la importancia primordial de lo económico en la historia humana. Sin negar que ese factor tiene enorme importancia, puede decirse que el genio de un gran hombre, o sus errores, o un grupo humano y su capacidad, han sido fundamentales en los hechos históricos.

Don Alvaro de Bazán, Marqués de Santa Cruz, era quien había formado esa poderosa Armada Invencible, pero su muerte dejó a España sin su conductor, el que había vencido a los turcos en Lepanto y a los ingleses y franceses en el Mediterráneo o en el Atlántico. Allí jugó también la capacidad profesional de los jefes ingleses y su gran victoria naval se concretó.

La Reina Isabel, sus corsario o piratas, comenzaron el ataque al enorme imperio español y comprobaron que era vulnerable. Francia y Holanda, las otras dos potencias marítimas se lanzaron a la conquista de la América castellana y de la India y el Asia, de influencia portuguesa.

Aunque ya en el siglo XVI comenzaron a capturar posiciones españolas, los ingleses afirmaron esta tendencia en el siglo XVII. En ese mismo período la decadencia española se fue acentuando, atacada por Inglaterra, Francia y Holanda y al finalizar el siglo se extingue la dinastía de la casa de Austria, cada vez más débil, hasta la muerte de Carlos II "El Hechizado", disminuido y último representante de una dinastía poderosa que había dominado el mundo. España estaba en gran peligro, su flota no existía, pues se había agotado luchando contra las tres potencias marítimas.

Inglaterra durante este siglo XVII continuó con sus fructíferas expediciones corsarias y se estableció en las Antillas y en Nueva Inglaterra.

Por entonces podemos decir que el Tratado de Tordesillas (7 de junio de 1494) que protegía los dominios de España al oeste de una línea situada a 370 leguas de las islas de Cabo Verde, era sólo un papel en el Atlántico Norte y en el Caribe; en cambio su vigencia en el Atlántico Sur y en el Pacífico llegaría hasta mediados del siglo XVIII.

La Guerra de Sucesión (1700 - 1713) fue otro gran peligro para los dominios españoles, mientras triunfaba el pretendiente borbónico que sería Felipe V.

Durante esta guerra Inglaterra ocupó a nombre del pretendiente de Austria, la estratégica posición de Gibraltar. Terminada esta guerra "El Peñón" debió ser devuelto a España, pero Inglaterra no lo hizo y consolidó su posesión con el Tratado de Utrecht (1713), consiguiendo además Terranova, la Acadia, bahía de Hudson y la exclusividad de la trata de negros de América, lo cual, además, le permitía realizar con comodidad un pingüe contrabando.

La guerra de los siete años terminó con la Paz de París de 1763, muy dura para Francia y allí Inglaterra vio crecer su imperio con Canadá. Digamos también que es durante esta guerra que Inglaterra ataca por primera vez el Río de la Plata, con intenciones de obtener su dominio.

Ya al final del reinado de Felipe V, la Armada española había reconquistado algo de su poderío, lo que se afirma con Carlos III. Este último monarca se convierte en aliado de Francia por el Pacto de Familia de 1767, contra Inglaterra; pero la lucha dura y muy reñida terminó en 1805 con el predominio absoluto de Inglaterra, obtenido por el genio de Nelson en !as acciones heroicas de las tres naciones, en las trágicas aguas de Trafalgar.

Es cierto también que Inglaterra había perdido definitivamente su colonia de América del Norte, los Estados Unidos, pero aún conservaba el Canadá.

La lucha por la India pasa del predominio de Portugal, que había dominado durante casi todo el siglo XVI, a Holanda y luego de esta nación a Inglaterra, que empezó a consolidarse en el norte hacia mediados del siglo XVIII.

En Australia, en la zona de Nueva Gales, fundó un presidio.

Es durante el siglo XIX que el imperio inglés, con la época victoriana, alcanza su máximo esplendor.

Después de Trafalgar se inicia un nuevo orden en el mundo, el orden imperial británico. Ciudad del Cabo es tomada en 1806; Buenos Aires rechaza al invasor en 1806 y 1807, en uno de los pocos reveses que sufren los ingleses. Singapur se convierte en poderosa base inglesa a partir de 1826; la India es ocupada completamente hacia 1850 y la Reina Victoria es proclamada Emperatriz de la India en 1877, Ceilán estaba incluido. Australia, Nueva Zelandia, Canadá, posesiones insulares en las Antillas, Oceanía y en la China, completan el poderoso imperio. En 1833 también había ocupado las islas Malvinas.

La estrategia de formación imperial había concluido y se tenían vastas posesiones para realizar comercio, traer productos naturales de las colonias y devolverlos manufacturados, todo con buques ingleses. Para esto último el Acta de Cromwell (Navegation Act de 1641) había convertido a Inglaterra en la potencia mercantil más importante. Su flota era varias veces mayor que todas las flotas mercantes del mundo, en conjunto. Esto le permitía dominar el comercio marítimo mundial.

Si observamos un planisferio, veremos que la única zona de comunicación entre todos los océanos, está situada en el hemisferio sur, en distintas latitudes que van del 0° a 60° S. Es justamente el sur de nuestro país donde el pasaje es más austral y estrecho y en Australia pasa por el sur y el norte, aunque hasta ahora es más importante el del norte. En Africa del Sur se encuentra entre 35° y la Antártida.

Inglaterra ocupó, al formar su imperio, todas las penínsulas e islas para dominar el pasaje a los océanos excepto una, la de Sudamérica. En efecto, la colonia del Cabo la ocupó en 1806; la India, ya hemos dicho,

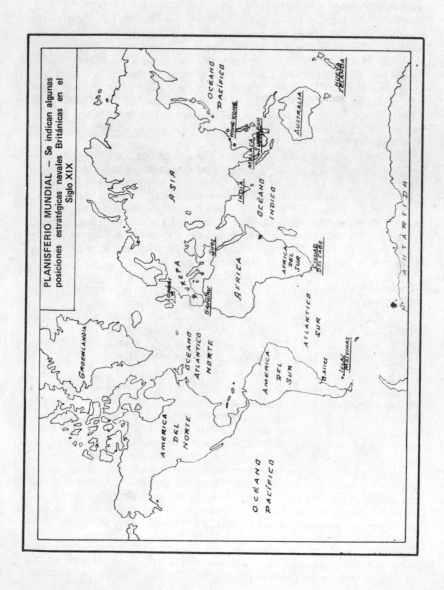

de 1750 a 1850; la península de Malaca y Singapur en 1826, la cual, junto con Australia y Nueva Zelandia domina todos los pasos del continente asiático. Sabemos que con Gibraltar y Suez dominó el Mediterráneo y con Hong Kong el mar de la China.

Solamente le faltaba Sudamérica y por eso planeó numerosas expediciones, de las cuales llevó a cabo contra nuestro país nada menos que siete incursiones. Finalmente ocupó hasta hace poco nuestros archipiélagos australes. Malvinas en 1833, Georgias del Sur en 1906/1908 y las Sandwich del Sur se las anexa en 1908, aunque nunca las ocupó y solamente realizó en ellas expediciones científicas que ni siquiera dejaron en esas islas una baliza.

En las Georgias del Sur, Argentina tiene derechos por proximidad, archipiélagos vecinos y por ser la primera ocupante de las islas cuando el 16 de noviembre de 1904 se instala la Compañía Argentina de Pesca, oportunidad en que las Georgias estaban deshabitadas.

En las Sandwich del Sur la Armada Argentina desplegó una gran actividad desde el año 1950, cuando instaló balizas, construyó un refugio naval que fue habitado durante dos semanas y finalmente durante la campaña antártica 1976/77, instaló una base científica que es la primera y única que se ha construido en ese archipiélago.

Más adelante hablaremos de los descubrimientos, supuestos o no, que en realidad, sin ocupación posterior, solamente sirven para agregar un elemento más de soberanía a las pretensiones de los países.

En el próximo capítulo veremos cuanto bregó Inglaterra por ocupar posiciones en territorio argentino. Al fin lo consiguió por 149 años y 3 meses, en una acción, contra un país amigo, que nunca podrá contarse entre las glorias navales británicas; todo lo contrario.

CAPITULO II

Argentina e Inglaterra — Las ocho invasiones inglesas

La Argentina es el país americano que más cantidad de costa ha perdido a lo largo de la historia. Se nos dirá que Bolivia perdió toda su costa del Pacífico, es cierto, pero la Argentina perdió una extensión mucho mayor que la boliviana.

Si partimos de la base de que nuestro territorio original fue el del Virreinato del Río de la Plata, hemos perdido la costa marítima que va desde la Isla Santa Catalina hasta la desembocadura del Río de la Plata, y la fluvial que corresponde al Uruguay, de los río Uruguay y de la Plata. En el sur desde 1810 hemos perdido por lo menos la mitad del Estrecho de Magallanes y las islas al sur del Beagle.

Hasta 1826, las costas del Alto Perú (hoy Bolivia) sobre el Pacífico, pertenecían primero al Virreinato y luego a las Provincias Unidas del Río de la Plata. Incluso el Puerto de Cobija perteneció a la jurisdicción de Salta.

Tampoco éramos dueños de nuestras grandes islas del Atlántico Austral como Malvinas y Georgias del Sur y se nos disputa la posesión de las islas Sandwich del Sur.

En cambio Brasil tiene su isla Trinidad a 1.000 km. de Río de Janeiro; Ecuador conserva las islas Galápagos a 1.050 km. de su costa y Chile tiene las islas Juan Fernández y la de Pascua, ésta última a más de 3.200 km. de su costa continental.

En general casi todas las naciones americanas han conservado sus islas, aunque Venezuela haya perdido a Trinidad; pero ninguna ha sufrido y sigue sufriendo una presión tan sostenida y constante del Imperio Británico, como la Argentina.

En la época hispánica se podía comprender esa presión y ese ataque a España. Era una lucha de predominio, España y Francia por un lado, unidas por los lazos familiares Borbónicos y desde 1761 por el "Pacto de Familia", e Inglaterra pujante, formando su imperio en base a su poderío marítimo y su adelanto industrial.

En la época independiente, la agresión es muchos menos justificable. La Argentina obtiene su independencia contando con la ayuda inglesa en armas y pertrechos. Es cierto que paga el duro precio de la dependencia económica, pero esa era una fatalidad como explicaremos.

Los argentinos fuimos buenos amigos de Inglaterra, nos convertimos en su proveedor de cueros, grasas y carnes; nos adaptamos a sus necesidades y modalidades; pero fuimos atacados en Malvinas, en el Atlántico

Austral y en la Artártida, en plena paz.

Los tiempos han cambiado, la Argentina ha alcanzado su independencia económica; pero la irritante presencia inglesa seguía en parte de nuestro territorio.

No todo fue negativo en el dominio inglés de nuestra economía, ni podemos dejar de admirar su empuje en las empresas humanas y el vigor de sus instituciones democráticas, así como la defensa de la libertad que realizó Inglaterra en las dos últimas guerras mundiales; pero la nación de Nelson, Wellington y Churchill, la de Locke y Shakespeare deberá reconocer que otra nación que ha tenido a San Martín, Belgrano, Brown, Rivadavia, Mitre, Sarmiento y Roca, no podía seguir teniendo ocupadas las Malvinas, sus islas australes y antárticas, con agumentos basados y sostenidos con la fuerza.

Esa pérdida de costas e islas soportada por la Argentina, por una presión que es de las mayores que ha realizado la "Reina de los Mares" a un país sudamericano, es cierto que tiene otros factores de causa; pero la acción inglesa ha sido decisiva.

Nuestra falta de conciencia marítima, nacida de problemas coloniales y la existencia de una vasta y rica tierra, de demografía débil, han influido para posibilitar ciertas acciones; pero los argentinos tenemos condiciones para el mar y hemos reaccionado.

¿Cuáles han sido las causas para que Inglaterra interviniera más en la Argentina que en otras naciones sudamericanas? Creemos que son varias y las expondremos brevemente.

Es indudable que hubo un motivo político básico que fue el de consolidar el poder del imperio inglés, en una zona importante y rica con grandes posibilidades potenciales.

Consideraremos también muy importantes los motivos geopolíticos y navales, por ser el Atlántico austral un mar de creciente importancia estratégica y a Inglaterra le interesaba dominar la Argentina o alguna de sus partes, así como dominó en Singapur, la India y Ceylán, Sudáfrica y Gibraltar, desde la Patagonia, Malvinas o la península Antártica, se domina el pasaje del Atlántico al Pacífico Austral. Esta última ruta empezó a tener enorme importancia desde fines del Siglo XVI a 1914, en que se inauguró el Canal de Panamá. Su importancia potencial siguió subsistiendo y ahora crece con la posibilidad de anulación del Canal por sabotaje o la presencia en los mares de petroleros, graneleros o mineraleros gigantes, cuya manga no permite el uso de Panamá.

Los motivos económicos dieron importancia a la Argentina y sus mares y fueron otro de los factores importantes, motivadores de las repetidas agresiones. Desde que en 1680 Dn. Manuel Lobo fundó la colonia del Sacramento, base avanzada de la penetración portuguesa en el Río de la Plata, esta población fue el mayor centro del contrabando en el Virreinato. Buenos Aires creció con el contrabando realizado por los ingleses, portugueses, holandeses y franceses. Los funcionarios hacían "vista gorda" y los perjudicados fueron los comerciantes monopolistas y el comercio mercantil español. Se reveló entonces la capacidad de potencial de Buenos Aires y del litoral, fundamentalmente en riqueza ganadera. Además desde 1776 la plata del Potosí debía llegar y salir de Buenos Aires. La riqueza ganadera, cueros en enorme mayoría, astas, cebo, tasajo o carne salada, se obtenían y vendían muy baratos y se adquirían todo tipo de productos manufacturados de los que carecía el virreinato, especialmente textiles de calidad.

Inglaterra fue la primera nación que tuvo su revolución industrial y desde 1770, aventajó en 30 ó 50 años al resto de Europa. Con exceso de producción, debía buscar mercados o si era factible colonias donde ubicarlo. Si además podía extraer de esos mercados materias primas baratas, mucho mejor. El Río de la Plata no sólo reunía todas las condiciones, sino que potencialmente era extraordinario.

Finalmente otra circunstancia económica primó en los últimos tiempos para la "invasión marítima inglesa": la riqueza en pinnípedos y ballenas de nuestras costas y mares patagónicos y malvineros.

A partir de la tercera década del siglo XVIII hasta nuestros días, primero los británicos, luego los norteamericanos, franceses, noruegos, holandeses, sudafricanos, han desvastado nuestros mares de cientos de miles de cetáceos y de varios millones de pinnípedos, hasta casi la extinción de especies y el exterminio masivo de otras.

Hoy siguen rusos y japoneses y esta historia continúa.

Pasemos entonces somera revista a estas invasiones inglesas, recalcando sólo algunos aspectos menos conocidos o expresando conceptos que pueden resultar novedosos.

La primera invasión inglesa (1763)

El poner una fecha sólo significa marcar el momento de mayor esfuerzo de la intentona, porque podríamos decir que desde 1680 a 1777, casi por un siglo, Inglaterra apoyó, alentó o participó en un continuado ataque contra el virreinato del Río de la Plata, ya fuera como aliada declarada en la ayuda del agresor portugués o en el apoyo diplomático con su poderío de primera potencia en el momento de la paz, o con su acción directa, todo en la zona del nordeste y Río de la Plata.

Desde su fundación de la Colonia del Sacramento en 1680, este puesto se convirtió en el centro del contrabando portugués y también inglés.

En 1703 por el tratado de Methuen, Inglaterra y Portugal iniciaron una alianza comercial y política que traería frutos muy importantes para ambas potencias. Esta alianza entrecha y sostenida fielmente hasta 1911, es una de las más notables y de mayor extensión en el tiempo de la historia moderna. Portugal siguió en interdependencia las aguas inglesas triunfa doras y obtuvo, en cambio, muchos dividendos que no hubiera obtenido en forma singular.

Podríamos decir en cuanto al virreinato, que la acción anglo-portuguesa se ejerció en forma combinada en el nordeste y Río de la Plata, con los portugueses como principales protagonistas y en la Patagonia e islas del Atlántico Sur sólo por los ingleses, los cuales ocuparían Puerto Egmont en Malvinas.

No bien se conoció en Buenos Aires la creación de la Colonia del Sacramento, el Gobernador dispuso una expedición para expulsarlos y el 7 de agosto de 1680 luego de encarnizado combate, la plaza fue tomada. El brillante y completo triunfo fue anulado por las acciones diplomáticas y en febrero de 1683, la "Colonia" fue restituida a los portugueses.

Producida la guerra de sucesión española, la plaza fue tomada nuevamente el 14 de mayo de 1705, luego de fundamentales acciones de los hombres de Buenos Aires. Luego de la Paz de Utrecht y por influencias de Inglaterra, volvió a ser devuelta en 1716. El tratado de Methuen estaba en marcha.

En 1735 la Colonia fue sitiada hasta 1737, en que una Convención de Paz suspendió las operaciones.

El Tratado de Utrecht de 1713 dio a los ingleses la trata de negros en América y la posibilidad de intervenir económicamente en Buenos Aires hasta 1739.

Fernando VI, casado con Doña Bárbara de Braganza, sufrió la influencia de su esposa y favoreció con su política a Portugal, en detrimento de los intereses españoles. El Tratado del 13 de enero de 1750, llamado de "Permuta" o de "Madrid", obtuvo la promesa de devolver la Colonia a cambio de grandes avances portugueses en Río Grande y el Paraguay. Incluía la deplorable cláusula de la entrega de los siete pueblos de las Misiones Jesuíticas, a todas luces injusto y desató la guerra misionera. Debido a la misma vino al Río de la Plata en 1756 una poderosa expedición naval al mando de Don Pedro de Cevallos, último gran paladín hispano en América, de finales del siglo XVIII.

La guerra en las misiones jesuíticas fue el pretexto de Portugal para no devolver Colonia del Sacramento; pero se había logrado, además, vulnerar y remover la línea de Tordesillas en forma legal, ya que, en la práctica, se la había violado desde hacía más de un siglo.

En 1761 se suspendió el "Tratado de Permuta" y Cevallos inició hostilidades contra la Colonia, a la que sitió y rindió el 2 de noviembre de 1762, con su poderío militar y sus grandes condiciones de guerrero y conductor. Pronto debió defenderse a su vez de un ataque anglo-portugués, al que como punto culminante de esta agresión secular denominaremos primera invasión inglesa, aunque sea anglo-portuguesa en realidad.

El embajador portugués en Londres organizó una verdadera expedición de conquista al Río de la Plata. Se trataba de ocupar posiciones militares y convertir la zona de la Colonia en un centro comercial anglo-portugués en una especie de enclave en el Río de la Plata. A tal efecto y con intervención de la Compañía Inglesa de las Indias Orientales, se efectuó una suscripción hasta lograr reunir 100.000 libras esterlinas, cargando las naves de géneros y mercaderías para unir a la campaña guerrera, el provecho comercial.

John Mac Namara, aventurero valeroso y experimentado, fue el jefe de la expedición, el cual armó por su cuenta un navío, el "Lord Clive", de 64 cañones, que le vendió al Almirantazgo. Igualmente se armó la fragata "Ambuscade" (Capitán Roberts) de 40 cañones y se embarcaron 700 hombres de tropa y dotación de los buques.

Las naves zarparon de Inglaterra en julio de 1762 y fueron a Lisboa, donde se dispensaron grados y honores y, por último, salieron hacia Río de Janeiro el 30 de agosto de 1762. En la escala de este puerto, el Conde de Bobadilla, gobernador de la plaza, les agregó un poderoso refuerzo de un navío, el "Gloria" de 60 cañones, una fragata y seis bergantines, además de 600 hombres de tropa. La expedición era una verdadera invasión para quedarse. Era la más poderosa fuerza naval que hasta entonces se había preparado contra el Río de la Plata.

Los invasores arribaron a Maldonado a principios de diciembre de 1762 y allí apresaron una pequeña embarcación española que les informó la rendición de la Colonia.

El 4 de diciembre estaban frente a Montevideo e intentaron dirigirse contra Buenos Aires; pero el Río de la Plata, con sus bajos y corrientes, se lo impidió. El 2 de enero se apostaron frente a Montevideo con intenciones de efectuar un ataque contra la plaza, pero al día siguiente llegó un práctico desde Río de Janeiro informándoles que los navíos tenían mucho calado para entrar a Montevideo y por ello resolvieron atacar la Colonia.

Entre tanto Cevallos, muy enfermo de paludismo, estaba en la Colonia y repartía sus tropas en Maldonado, Montevideo y Buenos Aires, dejando en la Colonia 500 hombres y 100 en la Isla de San Gabriel.

El 6 de enero de 1763 el Comodoro Mac Namara encabezó el ataque con el "Lord Clive" sobre el fuerte de Santa Rita; el "Ambuscade" atacó el fuerte de San Pedro y el "Gloria" lo hizo contra el de San Miguel. El cañoneo comenzó a mediodía y fue intenso, pero las tropas de Cevallos, parapetadas en un terreno bajo, no sufrieron mayores bajas, pues los tiros enemigos eran muy elevados.

Los disparos fueron muchísimos, habiendo efectuado las naves atacantes más de 3.000 de bala rasa, palanqueta y metralla y desde tierra se le contestó con igual intensidad.

A las 1600 horas el "Lord Clive" que ya tenía 40 bajas entre sus 500 hombres fue incendiado por un disparo desde la plaza. Sin duda, sería una bala roja, es decir, una bala de hierro calentada al rojo vivo. El incendio se propagó y no pudo ser dominado, incendiándose la nave totalmente y su tripulación pereció quemada o se ahogó. Se salvaron 80 hombres a nado y 2 en un pequeño bote; en cuanto a Mac Namara, murió en el incendio o, según otras versiones, fue herido y se arrojó al agua, pereciendo ahogado.

Las otras naves que habían recibido fuerte castigo, especialmente la fragata "Ambuscade", se retiraron. El "Gloria" y además naves menores portuguesas, también recibieron algún castigo, aunque no se empeñaron tanto en el combate. La fragata tuvo 80 muertos y numerosos heridos y la división naval portuguesa se retiró hacia Río de Janeiro. Floja fue la actuación de una débil división naval española.

La Paz de París de 1763, donde medió en favor de Portugal la decisiva influencia inglesa, determinó una nueva entrega de la plaza a Portugal.

En los ataques portugueses desde 1773 y en especial en 1775, sobre Río Grande, se reanudó la lucha y, además, la ocupación inglesa de Puerto Egmont en el sur hicieron que España creara el virreinato del Río de la Plata.

Don Pedro de Cevallos fue nombrado primer virrey y zarpó con 20 naves de guerra, entre ellas seis poderosos y flamantes navíos, 96 navíos mercantes de transporte y más de 9.500 hombres de tropa que, con las tripulaciones, completaba 20.000 hombres. Además, se contaba con 600 cañones y pertrechos de guerra. La más poderosa maquinaria bélica que habían visto nuestras aguas tomó Santa Catalina, sitió y rindió Colonia en 1777.

Con la poderosa expedición y el genio guerrero de Cevallos terminó esta guerra por más de treinta años, recomenzando en la época independiente.

La segunda invasión inglesa (1765 - 1774)

Fue casi contemporánea de la anterior, pero realizada exclusivamente por Inglaterra en nuestro Atlántico Sur.

La zona sur de nuestro territorio empezó a ser codiciada por franceses y británicos a partir de principios del siglo XVIII.

Fue a partir de fines del siglo XVII cuando corsaristas y piratas empezaron a visitar las Islas Malvinas.

También es justo agregar que desde fines del siglo XVI los holandeses merodeaban por las islas, pero iban en tránsito para el Pacífico.

Los ingleses visitaron nuestros mares a partir de 1683, con los aventureros William Dampier, John Cook y Ambrose Cowley, todos en una nave. En 1690 John Strong visitó las Malvinas y nombró Falkland Sound al estrecho que separa las dos islas mayores.

Finalmente, en 1708, las islas fueron avistadas por el corsarista inglés Woodes Rogers.

En 1711 se escribió un memorial que fue publicado más de veinte años después en Londres, con el sugestivo título de "A proposal for humbling Spain — written in 1711 by a person of distinction". En el mismo se proponía el envío de una expedición para tomar Buenos Aires con 2.500 hombres y se daban detalles sobre las riquezas y producciones del país. La expedición del Almirante Anson por su parte, en 1739/44, llamó la atención sobre la necesidad de ocupar las islas Malvinas y otros puntos de nuestra Patagonia.

Existían mayores posibilidades de una acción británica en las islas y sumándose al interés geopolítico y estratégico, se agregó un incentivo económico: la caza de ballenas y pinnípedos que pululaban en las islas.

Los cazadores de ballenas y lobos ingleses iniciaron una intensa acción de depredación desde mediados del siglo XVII; comenzó en las Malvinas y siguió en las costas patagónicas, hasta el Cabo de Hornos, Isla de los Estados, etc.

Con la presencia del Comodoro John Byron en las Malvinas en 1765, se inicia una penetración inglesa concretada en 1766 y que duró hasta 1774. Ya nos ocuparemos de ella.

La tercera y cuarta invasiones inglesas (1806 - 1807)

Son las que comúnmente se conocen como la Primera y Segunda Invasión Inglesa en nuestros colegios. Es suficientemente conocido este tema y nos referiremos principalmente a las consecuencias de las acciones libradas.

Carlos Roberts, en su obra "Las Invasiones Inglesas del Río de la Plata (1806 - 1807)", señala varias proyectadas invasiones inglesas al Río de la Plata. En varias de ellas está implicado D. Francisco Miranda, ilustre precursor de la independencia americana. En 1789/90; en 1796, en 1799/1801 y en 1803 hubo planes, órdenes y aún indicios de invasiones que no prosperaron.

Librada la batalla naval de Trafalgar, el 21 de octubre de 1805, Inglaterra adquirió el dominio total de los mares, quedando muy disminuido el de sus rivales Francia y España. Inglaterra dominó los mares y la "Francia Napoleónica", el continente. Desde 1804 España había entrado en la contienda al lado de su antigua aliada: Francia.

En Trafalgar, Francia y España perdieron entre ambas 19 navíos, pero este hecho no era decisivo, aunque sí la culminación de una serie de derrotas y la desmoralización que produjo sentir la superioridad del material, tripulaciones y tácticas, demostradas por los ingleses. Muchos más navíos había perdido España en sus arsenales, donde se pudrían por falta de presupuesto para sus reparaciones.

Después de Trafalgar los ingleses tenían más de 130 navíos en servicio, mientras que España y Francia sumaban menos de 90 y de ellos, sólo unos 60 estaban en condiciones de actividad. La superioridad inglesa era absoluta y el dominio de los mares lo conservó por más de un siglo. Esa superioridad permitió la tentativa particular del comodoro Sir Home Popham, "tam Marte quam Mercurio", personaje extraordinario que creyó, a fines de 1805, que se habían dado las condiciones para dar un golpe sobre Buenos Aires. Partiendo de ciudad del Cabo, según un último plan inglés que él conocía, se decidió a realizar la tentativa, contando con el seguro respaldo que obtendría, si lograba sus propósitos.

Las dos invasiones inglesas, de 1806 y 1807, tuvieron por causa la política inglesa de entonces concordante con la que permanentemente era sostenida por el imperio: obtener una colonia importante de gran valor estratégido naval y un mercado de gran porvenir que, además, podría absorber sus excedentes industriales.

Fueron dos importantes operaciones anfibias, especialmente la segunda, que sólo admite comparación con la de Don Pedro de Cevallos en 1776/1777.

Estas dos operaciones anfibias pudieron desarrollarse con absoluta tranquilidad en su faz naval, por el dominio absoluto del mar recientemente adquirido.

La fuerza naval que atacó Buenos Aires era poderosa: dos navíos de 64 cañones, dos fragatas, un bergantín y cinco transportes armados; eran demasiado para las fuerzas navales españolas del Río de la Plata, constituida por débiles o viejas unidades y cañoneras. En efecto, una corbeta ligera, un bergantín, tres goletas, dos sumacas y 25 lanchas cañoneras, era todo lo que contaban los españoles. La desproporción ante el invasor era tanta que con sólo un navío de 64 cañones, se superaba la potencia de fuego de toda la fuerza española. Por ello los marinos españoles combatieron en tierra y lo hicieron con bravura y tesón.

La fuerza terrestre inglesa compuesta por 1.641 hombres, era en cambio pequeña para dominar una ciudad de casi 50.000 almas, contando los habitantes de los alrededores. Allí radicó la debilidad inglesa y el Capitán de Navío Santiago de Liniers, el alma de la Reconquista, fue quien se apercibió de ello.

Comenzada con 1.000 hombres desde la Banda Oriental, la reconquista se realizó entre el 5 y el 12 de agosto de 1806 y el héroe fue Liniers que quedó como autoridad militar y civil, en ausencia del Virrey.

Mientras sus tropas eran rendidas en el fuerte, la flota inglesa no pudo prestarle ayuda porque los bancos del río cercanos a la ciudad la mantenían alejada y sus cañones no tenían alcance suficiente para cooperar con su gente. El Río de la Plata había ayudado a dificultar el ataque inglés con una de sus sudestadas y sus bancos, que impidieron actuar a los buques ingleses contra la flotilla reconquistadora.

Cuando el gran tesoro recogido como botín en Buenos Aires llegó a Londres, se hizo una triunfal recepción y la popularidad de Sir Home Popham alcanzó la de los grandes héroes de Inglaterra. La noticia de la derrota fue terrible y preparó las acciones para insistir. Había una base en el Río de la Plata y un hecho importante: En todo el tiempo que transcurrió entre la reconquista y el segundo ataque inglés, la flota británica fue dueña del río sin que nadie pudiera disputarle el dominio de las aguas. Esta prueba histórica de la enorme importancia del poder naval en nuestro país debe ser siempre tenida en cuenta.

La invasión inglesa de 1807 se realizó con efectivos muy superiores, reunidos en varias expediciones parciales.

La flota mandada por el Vicealmirante Jorge Murray se componía de cinco navíos de 64 cañones cada uno, cinco fragatas con un total de 150 cañones, 12 naves menores que sumaban 175 cañones. Todo esto hacía un poderío naval de 23 ó 24 naves de guerra con más de 650 cañones.

Los transportes, muchos de ellos armados, eran más de 50.

Las tropas reunidas oscilaban en 15.000 hombres, aunque repartidos en la Banda Oriental parte de ellos.

Tomado Maldonado, luego Montevideo, el desembarco inglés se realizó el 27 de junio de 1807 y poco más de 9.000 hombres tomaron tierra en la Ensenada con 16 piezas de artillería. Los mandaba el Teniente General John Whitelocke.

Ya sabemos que del lado español un ejército miliciano al mando de Liniers compuesto de 8.000 hombres se aprestó a la defensa con 49 cañones de diversos calibres.

Después de la falsa maniobra de Liniers al cruzar el Riachuelo y de su derrota en Miserere, el ataque final inglés se realizó al amanecer de un frío 5 de julio de 1807.

De 5.021 a 5.787 ingleses fueron alistados y atacaron a los 8.000 españoles y criollos. Los invasores eran tropa aguerrida y veteranos. Los españoles bisoños y algunos armados sólo con armas blancas.

Después de tomar la Plaza de Toros con fuerzas superiores y luego de una heroica resistencia, el resto de la tropa inglesa fue derrotada por los criollos con la ayuda de toda la población que hostilizó y causó bajas a los invasores en su paso por la ciudad.

El Retiro y la Plaza de Toros fueron los lugares de más sangrienta resistencia, pues allí el total de bajas de los defensores (muertos, heridos y desaparecidos) llegó al 27% y el de los ingleses alcanzó al 20%. En el resto de la línea las bajas de los defensores fueron del orden del 8% y entre los ingleses alcanzó el 23%.

Enorme fue el esfuerzo inglés en esta invasión. Se preparó una nueva y más poderosa, que no llegó a concretarse al convertirse España en aliada de Inglaterra, cuando su territorio fue ocupado por fuerzas de Napoleón.

La expectativa comercial está señalada por las naves abarrotadas de mercaderías inglesas, especialmente géneros, que entraron a Montevideo durante los breves meses de ocupación.

Año 1807 - Naves entradas a Montevideo.
        Febrero: 78 naves.
        Marzo: 27 naves.
        Abril: 18 naves.
        Mayo: 5 naves.
        Junio: 4 naves.
Suman un total de 132 naves.

Era una invasión comercial paralela.

Gran parte de la mercadería fue mal vendida, luego de la nueva derrota.

Buenos Aires conoció su hora más gloriosa y tomó clara conciencia del valor de sus hijos. Las dos grandes victorias presagiaban a Mayo.

Quinta invasión inglesa — 3 enero - 1833 — Nos ocuparemos de ella más adelante.

Sexta invasión inglesa (1845 - 1847)

Esta invasión inglesa es parte de los bloqueos anglofranceses que se suceden desde 1838 a 1840 por parte de Francia y desde 1845 a 1847 con la cooperación inglesa. Francia siguió sola hasta 1848.

Los argentinos seguíamos en guerra civil y Rosas ejercía la dictadura. Sus procedimientos para con los súbditos franceses y luego ingleses, a los que quiso incorporar a sus ejércitos, dieron el pretexto para la intervención francesa y luego inglesa. Ambas potencias esperaban la oportunidad para ocupar zonas o ejecutar ventajosas empresas comerciales en el país.

Los bloqueos duraron 2.000 días y Buenos Aires permaneció cerrada para el comercio durante ese tiempo. Nada pudimos hacer ante tan poderosa fuerza de barcos modernos, fragatas, corbetas y bergantines de eficiente y nueva artillería. Sin embargo se sostuvo el honor nacional.

Los acontecimientos más importantes, son el apresamiento de la pequeña fuerza naval argentina que mandaba el Almirante Brown el 2 de agosto de 1845; excursiones por los ríos, especialmente de Garibaldi, y el Combate de Obligado, por siempre honroso para la historia argentina.

Obligado se libró en el Paraná el 20 de noviembre de 1845. Los efectivos anglo-franceses consistían en tres poderosos vapores y ocho veleros con cien piezas de artillería modernas, algunas de las cuales arrojaban granadas Paixhans, con espoleta.

La acción fue sangrienta y las tropas criollas que defendían su tierra se comportaron con heroísmo, aunque sólo tenían viejos cañones de poco calibre.

La cadena que obstruyó el río era defendida por algunas naves y lanchones que pronto fueron atacados y eliminados. La acción empezó a las 9 de la mañana y las cuatro baterías federales, tres de ellas mandadas por los oficiales de marina Alvaro de Alzogaray, Juan B. Thorne y Eduardo Brown, hijo del Almirante; la restante la mandaba Felipe Palacio, oficial del ejército, se batieron hasta agotar la munición, sufriendo el terrible fuego que les causaba fuertes bajas. La cadena fue finalmente cortada y a las 17 horas se le terminó la munición a Thorne en la última batería que aún contestaba.

Casi a las 6 desembarcaron las tropas aliadas y el General Mansilla las cargó a la bayoneta; pero cayó herido y las otras cargas criollas, incluída la de caballería, obtuvieron algún éxito, pero fueron finalmente rechazadas.

Los aliados tuvieron un centenar de bajas y varias averías en sus naves. Las bajas argentinas sumaron 240 hombres.

Rosas era el gobernante argentino a cuyo cargo las Provincias Argentinas habían delegado sus relaciones exteriores; pero en Obligado combatió la Argentina de siempre.

Un gran convoy escoltado por un barco mayor y otras naves de guerra, realizó un viaje accidentado por el Paraná en 1846. Pero el Tonelero, San Lorenzo y Quebracho, demostraron a los aliados que la Argentina no cedería.

La paz que se firmó fue honrosa para nuestro país, pero no compensó los sacrificios realizados, ni las pérdidas sufridas.

Séptima invasión Inglesa - 1908 hasta nuestros días:

Esta séptima invasión inglesa resulta de la industria ballenera con centro en Georgias y de las que nos ocuparemos también más adelante.

Octava invación inglesa — 3 de abril de 1982 . . . y continúa

Es la que se inició con el envío de una poderosa flota inglesa que tomó Georgias el 25 de abril; pero hallando una resistencia que aún continúa.

El 30 de abril realizó un ataque aeronaval sobre Malvinas que fue rechazado y en estos días continúan las acciones.

Conclusiones

Desde hace casi cuatro siglos estas regiones, españolas o argentinas, han sido objeto de la permanente agresión británica.

1) De 1860 a 1777, con un ataque en 1763, en el Río de la Plata y zona noreste.
2) De 1750 a la actualidad, con ocupaciones en 1765 a 1774 y de 1833 a la actualidad, en Patagonia y Malvinas.
3) Con ataques directos, con dos grandes expediciones anfibias, en 1806 y 1807 y con un bloqueo y agresiones en la zona del Río de la Plata y afluentes.
4) Con apoderamiento de un enorme sector antártico-subantártico de 1908 a la actualidad.

La Argentina, en 1810, cayó bajo el dominio comercial y económico inglés, pues no sólo la Armada inglesa era dueña absoluta de los mares, sino la Marina Mercante era varias veces mayor que todas las demás del mundo reunidas.

Eliminada la Marina Mercante Española, era fatal caer bajo el dominio marítimo inglés.

En la actualidad hemos logrado nuestra independencia económica, en lo que es posible en este mundo interdependiente; pero más de un siglo sufrimos la influencia inglesa.

Por motivos geopolíticos, estratégicos, navales y económicos, Inglaterra ambicionó nuestro territorio. Lo atacó sin éxito en la parte continental, pero se apoderó de nuestras islas y dominó parte de nuestros mares. Es consecuencia de su poderío marítimo y su derecho está basado en la fuerza.

CAPITULO III

Breve descripción geográfica de las islas Malvinas

Las Malvinas son un archipiélago de casi 12.000 km2, situado a 300 millas de la costa argentina, un poco al norte de latitud de la boca del Estrecho de Magallanes, que consta de dos islas principales y muchas islas menores.

Río Gallegos, Capital de Santa Cruz, está en la misma latitud, es decir, sobre el mismo paralelo que pasa por la capital de las islas y aproximadamente a 760 kms. de distancia de esa población, pero a 555 kms. de la isla más cercana del archipiélago.

El punto más próximo de nuestra costa es el Cabo de San Juan de Salvamento, en la isla de los Estados, que dista 346kms. del cabo Belgrano en la costa sudoccidental de la Gran Malvina.

Las dos islas mayores se llaman Soledad, la oriental y mayor, y Gran Malvina. Están separadas por el canal de San Carlos. Existen quince islas mayores de 20 kms., un centenar si se cuentan las menores y casi doscientas incluyendo a los islotes.

En latitud, es decir de este a oeste, las Malvinas comprenden y se extienden en una distancia similar a la existente entre los balnearios de Monte Hermoso y Miramar. En longitud, de norte a sur, se corresponden con una zona santacruceña, que va de ría Coig a punta Dúngenes. Por lo tanto de este a oeste miden 259 kms. y de norte a sur 161 kms. De un rectángulo con estas medidas, sólo un poco más de la cuarta parte es tierra y el resto agua. Ello nos da una idea de que las islas bien agrupadas, tienen formas irregulares con profundas entradas y desprendimientos, en todas direcciones.

Las Malvinas están íntegramente situadas dentro de la plataforma submarina argentina, es decir, que están unidas por un zócalo submarino no mayor de 200 metros de profundidad, con la Patagonia. Nuestra plataforma submarina las engloba en un abrazo que las ubica como dependencia de nuestro territorio.

Geología

La geología de las islas Malvinas está estrechamente unida a la Patagonia, pero tiene algunas características propias como la falta de algunos terrenos antiguos. La mayoría pertenecen al período paleozoico medio y superior, mesozoico y cenozoico.

Sobre el duro basamento precámbrico, sólo visible en cabo Belgrano,

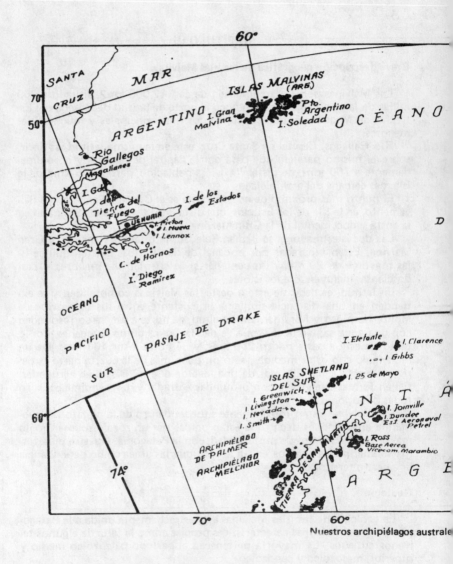

Nuestros archipiélagos australe[s]

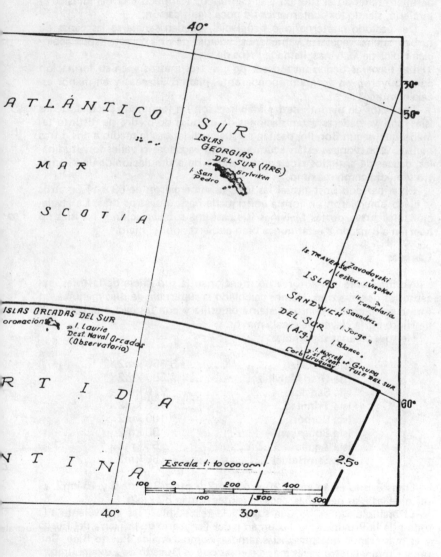

aparece una poderosa cobertura de sedimentos que van del devónico al pérmico, faltando el silúrico y el cámbrico. Tampoco hay del jurásico al terciario, siendo los cuaternarios de poca significación.

Del período cuaternario o neoglacial, pueden señalarse las capas de turbas, suelos vegetales y médanos, además de una característica geológica típica de Malvinas, llamada "ríos de piedra". .

Las turberas tienen un espesor de casi tres metros y en su formación contribuyeron en forma preponderante, plantas liliáceas y en menor escala el musgo.

Los "ríos de piedra" de las Malvinas son un fenómeno peculiar de las islas; son verdaderas acumulaciones de bloques de piedra de distinto tamaño que, según Borello, oscilan en sus medidas desde medio a dos o tres metros. Los bloques están acumulados en vaguadas o valles longitudinales, cauces de antiguos ríos con un ancho de acumulación de un kilómetro y medio como máximo.

En el período post-glacial las islas se sumergieron de 69 a 117 metros y luego emergieron en forma continuada hasta nuestros días. La glaciación más suave de las Malvinas fue casi una subglaciación y las islas no habrían alcanzado a estar nunca bien cubiertas por el hielo.

Las Islas

Normalmente los autores no mencionan la superficie de las islas, excepto las dos mayores. Hemos calculado la superficie de islas menores, en forma aproximada, con un sistema de grilla y con las cartas del Servicio de Hidrografía Naval, de escala mayor.

He aquí algunas superficies:

Islas Soledad	6.350 km2
Isla Gran Malvina	4.500 km2
Isla San José	270 km2
Isla Trinidad	120 km2
Isla Borbón	100 km2
Isla Bougainville	60 km2
Isla Aguila	55 km2
Isla San Rafael	50 km2

Otras 9 islas están entre 20 y 45 km2 y otras 3 entre 7 y 18 km2. El resto de las islas pequeñas, rocas e islotes suman 80 km2.

El archipiélago es de una superficie respetable y es equivalente a la mitad de la Provincia de Tucumán o del Territorio de la Tierra del Fuego y es más grande que otras islas famosas como Jamaica, Puerto Rico, Chipre y Creta y cuatro veces más extensas que el Ducado de Luxemburgo.

Las dos principales islas se extienden de nordeste a sudeste, separadas

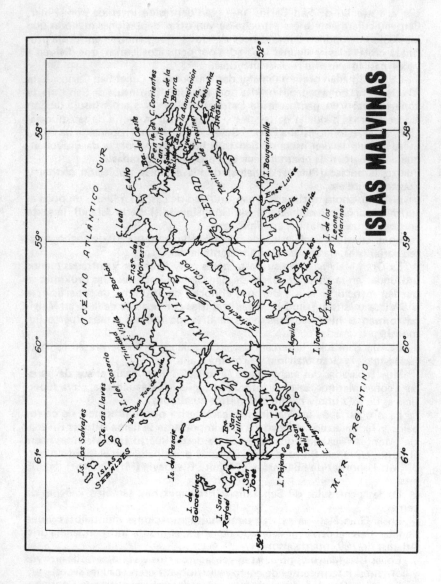

por el estrecho de San Carlos, una gran depresión invadida por el mar. Perpendicularmente a ese estrecho se ven otras depresiones menores que los geólogos suponen como cauces de ríos y que penetran en forma profunda en las islas, y algunas separadas por pequeños istmos, que dividen a veces, casi totalmente las islas mayores.

La isla Soledad presenta profundas rías sobre el Canal San Carlos. Esta isla tiene tres zonas apenas unidas por istmos: la península de San Luis, la zona central y la península de Lafonia al sudeste. La península de San Luis es la más pequeña de las tres y tiene al sur la bahía de la Anunciación, en cuyo fondo estaba Puerto Soledad, la Capital Hispana de las islas.

Al sur de la península de San Luis hay otra mayor; la de Freycinet, que en su parte más oriental tiene dos profundas entradas: Puerto Groussac (Puerto Williams) donde están la población capital y Puerto Enriqueta.

El Seno Choiseul tiene una profundidad de casi 20 millas y un poco al sur de su boca oriental está la isla Bougainville (Liberty Island), la sexta en tamaño de las islas del archipiélago.

En el canal de San Carlos, de 50 millas de largo por 10 de ancho, existen varias islas, siendo la más importante la del Cisne.

La Gran Malvina tiene su costa oeste muy irregular y entradas menos profundas en la costa del canal de San Carlos. Entre las islas próximas se pueden mencionar la isla Borbón, al norte, de 100 km2 de superficie; la isla Vigía y la isla Trinidad. Estas tres islas con la costa de la Gran Malvina forman el histórico Puerto de la Cruzada (donde estaba Puerto Egmont).

La isla San José, la tercera del archipiélago, se encuentra en la parte sudoeste de la Gran Malvina, y próxima a ella.

Muy separadas del archipiélago, a unos 26 km. hacia el sur de las islas Leones Marinos, se encuentra la pequeña isla Beauchêsne, cuya superficie es de sólo uno y medio kilómetros cuadrados.

La orografía de las Malvinas se caracteriza por la presencia de cerros bajos y redondeados. La cadena más importante se llama Alturas Rivadavia (Montes Wickham) que se extiende desde Puerto Islas Malvinas hacia el oeste, en la isla Soledad, cuyas alturas principales son el Monte Alberdi (Mt. Usborne) de 684 mts. y el Monte Rivadavia (Mt. Pleasant) de 605 mts.

En las penínsulas de San Luis y Freycinet hay también cadenas de cerros.

En la Gran Malvina existen pequeñas agrupaciones montañosas y una de ellas tiene el cerro más elevado de la isla, el monte Independencia (Mt. Adams) de 700 mts. de altura.

En las islas Malvinas no existen verdaderos ríos y sí numerosos arroyos y corrientes intermitentes de corto recorrido, así como cauces secos.

En la isla Soledad, cerca de su capital, desemboca el arroyo Capricho-

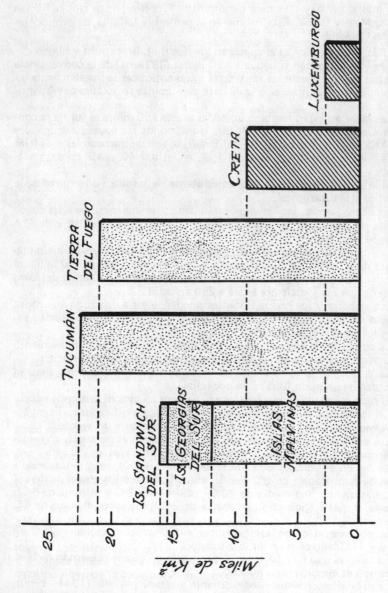

Comparación de tres archipiélagos argentinos del Atlántico Sur con otras zonas geográficas conocidas.

so y más al sur hay un cauce denominado Fitz Roy; otros ríos se llaman Pedro, Melo y Bodie. Este último en la península Lafonia, desemboca en el seno Choiseul.

En la Gran Malvina se encuentran los ríos Bull, Brackburn y Piloto.

Las Malvinas están situadas a 450 millas (832 kms.) de la convergencia antártica, límite donde las muy frías aguas antárticas se hunden hacia las profundidades del mar, al encontrarse con las más templadas del Atlántico Sur.

Las Malvinas están también ubicadas a unas 450 millas al sur de la convergencia subtropical, zona más que línea, donde las aguas subtropicales del Atlántico, con la corriente del Brasil, se encuentran con las más frías de la zona sur, corriente de Malvinas, en latitud 40° a 45° aproximadamente.

El archipiélago se halla casi equidistante de las dos convergencias, la antártica y la subtropical.

En consecuencia, las Malvinas están dentro de una masa de agua cuyos límites en el sur y en el norte varían de 3° a 10°C en invierno y de 4° ó 6°C a 14°C en verano.

La línea máxima aproximadamente del campo continuo de hielo marítimo de la Antártica (pack) llega en agosto y setiembre a 150 millas al S.E. del archipiélago, pero esto es excepcional y el límite medio del campo en noviembre y diciembre está a 250 millas al S.E.

Los icebergs y los hielos flotantes pueden llegar a una zona que rodea a todas las lalas Malvinas y su plataforma submarina, donde quedan varados los grandes témpanos.

La corriente de Malvinas es una enorme masa líquida en movimiento que rodea las islas y lleva las frías aguas subantárticas hacia el norte.

La velocidad de la corriente de Malvinas tiene fluctuaciones, pero es del orden de un nudo (una milla por hora).

El rudo clima malvinero no tiene ni veranos cálidos ni inviernos excesivos; el mar actúa de moderador y los vientos de modificadores. Es un clima húmedo, nuboso, y con el hostigamiento constante del viento.

Los vientos predominantes son los del sudoeste al noroeste, algo menos frecuentes los del sudeste y norte, siendo muy raros los del este.

De las observaciones de siete años (1944 a 1950), resulta una media anual de temperatura de 6°C siendo enero y febrero los meses de mayor temperatura con una media de 10°C (máxima de 13°C y mínima de 6°C). Julio es el más frígido con una media de 2°C sobre cero (máxima de 4°C y mínima de 1°C).

Se observaron como temperaturas extremas excepcionales 24°C en enero y 11°C bajo cero en junio y agosto.

En todo el año hay 54 días de promedio en que se presentan nieblas. El tiempo es también muy nuboso.

La precipitación anual media durante el citado período (1944 - 1950), fue de 668,1 mm. siendo bastante uniforme en todos los meses. Llueve con frecuencia pero no intensamente. Las nevadas son frecuentes en invierno, unos 10 días por mes y muy raras entre diciembre y marzo. Es, en fin, un clima rudo subantártico y oceánico, es decir, frío, sin grandes variaciones, ventoso y húmedo.

Flora y fauna

Por su condición isleña dentro de la zona subantártica y alejada del continente, las Malvinas tienen flora y fauna acuática y terrestre, con algunas características propias que la diferencias de la patagónica y de la de Tierra del Fuego.

La flora malvinera marítima tiene por base el fitoplancton, que está compuesto de diatomeas o algas unicelulares con clorofila, de foraminíferos y otros organismos muy pequeños.

Las distomeas son la base del alimento marino, el "pasto del mar".

Las algas más evolucionadas que las unicelulares son inmensas hasta llegar a las de tamaño gigantesco como las macrocystis.

En cuanto a los vegetales terrestres, la primera impresión hace notar la falta de árboles.

Los pocos que existen en las Malvinas han crecido en sitios protegidos, bajo los cuidados solícitos del hombre.

Las islas tienen en cambio una gran variedad de gramíneas que dan flores, en general pequeñas, y también producen excelentes pastos.

La fauna es mucho más rica y variada que la flora y la marítima es numerosa e interesante.

Los pequeños crustáceos del Grupo Euphasia que constituyen el "krill" abundan al sur de la convergencia antártica y disminuyen con rapidez al norte.

En las aguas malvineras también existen numerosos invertebrados como celenterados, especialmente medusas, crustáceos como la centolla, equinodermos y moluscos. De estos últimos hay casi un centenar de especies marinas y de ellas 45 endémicas de Malvinas.

Los pulpos pequeños, calamares, moluscos y pequeños peces constituyen el alimento de pinnípedos, aves y algunos tipos de ballenas.

Entre los peces citaremos la merluza de cola, brótola del sur, polacra, abadejo y pámpano, además de rayas.

Las aves marinas están representadas por numerosas especies y son de dos clases, voladoras o no.

Entre las aves marinas voladoras se pueden mencionar los albatros, petreles, gaviotas, cormoranes, etc. Entre las no voladoras, están los pingüinos.

Los cormoranes se caracterizan por el cuello largo y alas de poco desarrollo, se encuentran cerca de la costa y su vuelo es rasante. El cormorán de las rocas, de cuello negro y el rey o real, son las especies de Malvinas. El real tiene el dorso negro y la zona central blanca con un penacho sobre la cabeza.

Robert Cushman Murphy señala tres clases de gansos y dos de patos vapor, como asiduos visitantes de las islas.

El ave depredadora de las islas es el skua pardo de Malvinas.

Gaviotas, gaviotones y golondrinas de mar también abundan en el litoral de las islas. La paloma antártica (chionis alba) de cuerpo reducido y níveo plumaje, de vuelo corto y lento, llega también a las islas.

En las Malvinas se han observado desde épocas antiguas cuatro clases de pingüinos a saber: el real, papua, de penachos amarillos y el magallánico.

El pingüino real (aptenodytes patagónicus) es el segundo en tamaño de los pingüinos existentes y sólo cede en talla al emperador.

El pingüino papua (pygoscelis papua), llamado también gentoo, se individualiza fácilmente por su pico rojo o anaranjado y una especie de cofia blanca que va de uno a otro ojo en la cabeza negra.

Los pingüinos de penacho amarillo o rockhopper (saltadores de roca) son más chicos que el papua, alcanzando hasta 0,60 mts. de altura. La cabeza es negra con dos penachos amarillos a ambos lados de la parte superior partiendo cerca del pico.

El pingüino magallánico (spheniscus magallanicus), también llamado "Jackass" en Malvinas, alcanza una altura de 0,70 mts. La superficie dorsal es gris oscura, cabeza y garganta negra con una banda en forma de "U" sobre la cabeza y otra sobre el hombro de color blancuzco característico.

Los pinnípedos (focas y lobos) malvineros pertenecen a dos familias, los otáridos y los fócidos.

Los otáridos, llamados así porque tienen pequeños oídos externos, son más parecidos a los carnívoros y caminan mejor en tierra. Son los lobos marinos de uno y dos pelos.

Los fócidos son más bien fusiformes y mejor adaptados para nadar, vivir y deslizarse en el agua. En tierra se arrastran con dificultad. Son las focas y los elefantes marinos. En las islas Malvinas están representados por los elefantes y los leopardos marinos.

El lobo marino peletero o lobo de dos pelos (artocephalus australis) fue perseguido por su piel muy fina, apta para confeccionar abrigos para damas.

Los lobos marinos de un pelo alcanzan hasta cuatro metros de longitud y los machos tienen espesa melena que les cae sobre el lomo, de color marrón oscuro.

Los elefantes marinos (mirounga leonina) son los pinnípedos más gigantescos y pertenecen a los fócidos, aunque algunos zoológicos los clasifican en una subfamilia aparte, la de los cystohorinae.

El leopardo marino (Hidrurga leptonyx) es el más feroz y carnicero de los pinnípedos y se alimenta principalmente de pingüinos, entre los que hace verdaderos estragos.

Los cetáceos fueron otrora también abundantes en las aguas de las Malvinas donde encontraban en abundancia su alimento favorito, el krill. Los dentados, como el cachalote hallaban abundantes pulpos y calamares.

La ballena azul es el animal viviente más grande. Puede medir hasta 30 mts. de largo y pesar hasta 150 toneladas de peso, equivalente a 25 elefantes ó 150 toros (J. Marchowski, citado por R. Lebedev). Se alimenta principalmente de krill y puede dar entre 84 y 87 barriles de aceite. Es una ballena de barbas.

Hasta fines del siglo pasado las había por decenas de miles en los mares australes y antárticos. Hoy se las cuenta por centenas y es probable su extinción.

La ballena fisalus, o de "aleta" es algo menor que la azul, pues mide hasta 25 mts. y pesa 80 toneladas.

La ballena boba, ballena boreal o rorcual de Rudolphi es similar al rorcual común, pero más pequeña pues mide hasta 18 mts.

La ballena jorobada, yubarta o nudosa de aleta larga, cabeza grande, presenta dos quillas, una central y una dorsal que le dan un aspecto que justifica su nombre. Puede llegar a 17 mts. y pesa 30 toneladas.

La ballena enana, rorcual menor, alcanza a 10 mts. de longitud.

Los cetáceos dentados están representados por el cachalote, el gran calderón, la orca y los delfines. El cachalote tiene cabeza muy grande que abarca un tercio de su cuerpo que alcanza a unos 20 mts. de largo y tiene 25 pares de dientes.

La orca o ballena asesina, tiene de 7 a 9 mts. de largo y las hembras que son de tamaño menor, alcanzan a 5 mts.

En cuanto a la fauna terrestre de las Malvinas, no es tan rica como la marina.

Los insectos que viven en las islas comprenden casi 70 géneros ó 90 especies, de las que un 60% son endémicos. Los más numerosos son los coleópteros, siguiéndole las mariposas y dípteros.

Las arañas son de 6 especies distintas y todas propias de las islas.

Las aves terrestres son de unos 75 géneros y de ellos unos 13 son endémicos, es decir que siempre están en las islas.

Existe una especie de ganso de las colinas de muy buena carne y otra de ganso de los valles. Otras aves son el macacito y la gallareta de Malvinas, el chorlo de doble collar, el halcón peregrino, el cisne de cuello negro, los patos crestado, overo y pampa.

También se encuentra la agachadiza o becasina común, el cuaco o martineta, la remolinera negra, el chorlo de pecho rojo y negro y el de Magallanes. Un carancho y un chimango malvinero, además del halcón, representan a los rapaces. Es raro ya el lechuzón campestre y el cabecita negra es llamado "siskín". El gorrión común se ve cerca de las casas en las estancias.

El estornino es uno de los pájaros más vistosos de las islas y también existen un tordo, un pecho colorado y un canario.

Las islas Malvinas contaron con un mamífero isleño. Nos referimos al lobo-zorro de Malvinas que lamentablemente hoy está extinguido. En Malvinas lo llamaban "Warrahs"; era un animal de aspecto intermedio entre el lobo y el zorro, más bajo que el primero porque sus patas eran más cortas y más corpulento que el segundo. La cola era más larga y peluda que la del lobo.

Hacia 1850 era perseguido sin piedad pues causaba estragos entre las ovejas y hacia 1873 parece haber sido muerto en la Gran Malvina el último lobo-zorro.

Todos los animales que hemos mencionado, aún los hoy extinguidos, existían en el período de la dominación española en las Malvinas, es decir hasta 1811. Sólo algunas especies como el Warrahs han desaparecido.

El pasto "Tussock", tiene casi dos metros de alto; abunda muchísimo el pasto blanco (cortadería.hilosa), la dudle dee y el spagnon, musgo que con el correr de los años se convierte en turba.

La "planta de barniz" o bálsamo de los pantanos, tiene la forma y consistencia de grandes almohadones redondos.

La verónica, es un arbusto muy atractivo con flores perfumadas y amarillas.

· También citaremos la virgen pálida ("Pale-maiden"), de flores blancas y un apio silvestre.

CAPITULO IV

Descubrimiento e historia de las Malvinas hasta 1763

Las teorías y estudios sobre los posibles descubridores de las islas abarcan un siglo, el XVI, y comprenden a los siguientes navegantes y expediciones:

1) Américo Vespucio, en su controvertido viaje de 1501/1502 con una expedición portuguesa.

2) El navegante francés Binot Palmier de Gonneville, en su viaje de 1503/1504.

3) La expedición de Magallanes en 1520.

4) Esteban Gómez, piloto portugués desertor de la expedición de Magallanes, en 1520.

5) El Capitán Pedro de Vera con su nave "Anunciada" de la expedición de Fray García Jofre de Loaysa en 1526.

6) La nave "San Pedro" de la expedición de Alcazaba en los primeros días de enero de 1536.

7) La nave "Incógnita" de la expedición del Obispo de Plasencia, llamada también, de Alonso de Camargo y que mandó en realidad Fray Francisco de la Ribera en 1540.

8) El capitán inglés John Davis al mando de la nave "Desire" en 1592.

9) El capitán inglés Richard Hawkins en 1594.

10) El holandés Sebald de Weert al mando de la "Geloof" (La Fe), el 24 de enero de 1600. Aceptado generalmente sin discusiones, ya sea como descubridor o redescubridor.

El descubrimiento de Malvinas es un tema histórico difícil que requiere un conocimiento especializado de varias disciplinas y materias especializadas de la Historia Marítima.

Debemos conocer en primer término toda la bibliografía y documentos existentes sobre el tema del descubrimiento, el teatro geográfico, en sus aspectos físico, meteorológico, corrientes marinas, hielos, temperaturas, visibilidad, nieblas, neblinas, lluvias, flora y fauna marítimas y terrestres. También los conocimientos navales y las naves de la época, además de los instrumentos de calcular la posición y su exactitud en tierra o en el mar.

Las naos y carabelas en caso de temporal trataban de "capear" arriando velas y tratando de no perder mucho camino. El cálculo de la longitud por diferencia de tiempo con el meridiano de origen, era muy erróneo, pues el tiempo se conservaba muy imperfectamente en las ampolletas de arena. Se podían cometer errores de varios grados de longitud que representaban distancias de hasta 100 ó 200 millas. Las distancias navegadas también se estimaban gruesos errores de un 10 a un 30 por ciento, producidos además de los errores humanos, por las corrientes y los vientos.

La meteorología y la cartografía son otras dos ciencias muy importantes.

De la lista mencionada podemos descartar como muy improbables o directamente descartables: Binot Palmier de Gonneville, el Capitán Pedro de Vera con su nave "Anunciada", de la expedición de Fray García de Loayza de 1526; la nave "San Pedro" de la Expedición Alcazaba en 1535.

1) **Américo Vespucio.** Ha sido nominado como descubridor de las Malvinas en su famoso viaje de 1501/1502, que tantas polémicas ha despertado. De Vespucio se ha discutido si era autor de sus famosas "cartas" o "narraciones"; si realizó algunos de sus viajes, si descubrió el Río de la Plata, si llegó hasta "Cananor" en los 50° S de latitud de la costa patagónica, si descubrió o no las Malvinas.

No es fácil desentrañar la verdad, cuando se necesita larga práctica en navegación y la cartografía de la época y resulta muy difícil seguir los razonamientos de apasionados polemistas que, junto a verdades y verdades "a medias", agregan deducciones a veces muy discutibles.

No entraremos a fondo en la polémica, en que han participado nombres ilustres o bien pertrechados de argumentos y conocimientos. Solamente diremos que para nosotros ha quedado demostrado que Américo Vespucio era un astrónomo y cosmógrafo de notables conocimientos, que mereció excelente opinión de Cristóbal Colón y el honor de ser nombrado "Piloto Mayor" por la Corte española.

A nosotros nos interesa su tercer viaje que se inicia el 10 ó el 13 de mayo de 1501 en Lisboa. Es una expedición portuguesa que está al mando de Gonzalo Coelho y con ella llegaron a la costa del Brasil por cinco grados de latitud sur y de allí bordearon hasta 25° S ó 32° S. Desde este punto, se hizo cargo Vespucio del mando de la expedición, hecho extraño que se explicaría, porque se iba a entrar a zona del Rey de España, según el tratado de Tordesillas. ·

Es desde este punto de la costa en que Vespucio toma el mando que se ha entablado la más complicada polémica. Según algunos historiadores Vespucio siguió bordeando la costa hasta los 50° S. De esta opinión participaron o participan en nuestro país el doctor Roberto Levillier, el Ingeniero Nicanor Alurralde y el doctor Enrique de Gandía. Se apoyan sobre todo en interpretaciones de la Carta de Vespucio "Mundus Novus" de 1502, de la cual se han hecho muchísimas traducciones al latín, al alemás, al francés, al italiano y también en otra carta denominada "de Lisboa" del mismo año.

Otro grupo de historiadores rebate las apreciaciones de los anteriores, dando una interpretación distinta a "Mundus Novus" y basándose en la carta denominada "Lettera" de (1504) que es la más extensa y detallada de Vespucio y que expresa que, desde la costa del Brasil siguió por el rumbo del viento sirocco (es decir al Sudeste), recorriendo 500 leguas por el mar hasta los 50° (en otras narraciones 52° de latitud Sur).

Debemos destacar que el Dr. Roberto Levillier, autor de "América la bien llamada", obra en dos volúmenes de "Mundus Novus", y "Américo Vespucio", apasionado "Vespucista", ha dado numeroso acopio de informaciones, algunas discutibles, en apoyo de la teoría de que recorrió la costa americana hasta los 50° S.

Gran parte de su tesis se basa en numerosa cartografía que muestra un río Jordán que sería el Río de la Plata, por estar a la misma latitud que el Cabo de Agujas en Africa (35° S). También que el río Cananor estaría cerca de los 50° S y sería por eso que se ha conservado el nombre en la Bahía Camarones.

Las demostraciones en base a la cartografía del Dr. Levillier, han sufrido un rudo golpe por los estudios del Vicealmirante D. Ernesto Basílico en su obra "El tercer viaje de Américo Vespucio" y los del Capitán de Corbeta Roberto Barreiro Meiro de España. Ellos han demostrado, casi simultáneamente, las inexactitudes de correlacionar en los mapas posteriores al viaje de Vespucio, de partes bien conocidas de Africa y América del Sur. Estas últimas resultan más alargadas hacia el sur, cuanto mayor es la latitud, de manera que no hay correspondencia entre el cabo de Agujas en Africa del Sur y el río Jordán, que tiene una latitud de unos 23° S y no 35°. Lo mismo Cananor no pasa de 24° S. Estos dos trabajos son a mi juicio dos aportes muy novedosos y convincentes, que demostrarían que Vespucio no llegó a 50° S sobre nuestra costa patagónica.

Unos pocos autores partidarios del viaje por nuestra costa, lo hacen aparecer como descubridor del Río de la Plata, la costa patagónica y lo sindican también como descubridor de las Malvinas. Fueron de esta opinión Luis Antonio de Bougainville, colonizador de Malvinas, y lo siguen actualmente el ingeniero Nicanor Alurralde y el doctor Enrique de Gandía. El sabio Alejandro Humboldt creía que podía ser la tierra patagónica; A. Varnaghen estimó que podría ser la isla San Pedro, de las Georgias del Sur, que se ajusta más a la descripción de Vespucio; el Almirante Pedro Casal supuso que era un enorme témpano tubular. Finalmente el Vicealmirante D. Ernesto Basílico refuta el descubrimiento de Malvinas por el florentino.

Veamos cómo se realizó el descubrimiento de Vespucio, según su famosa "Lettera"; "y tanto navegamos por ese viento (sirocco) que nos en-"contrábamos tan altos que el polo del mediodía se elevaba fuera de "nuestro horizonte 52° y no veíamos las estrellas de la Osa Menor ni de la "Mayor, estando alejados del puerto de donde partimos unas 500 leguas "por el sirocco (SE). Esto fué el día 3 de abril (1502). Este día se levantó "en el mar una tormenta tan recia que nos hizo amainar del todo nuestras "velas y corrimos a palo seco, con mucho viento que era el Lebeche (del "sudoeste), con olas grandísimas y el aire tormentoso, y era tanta la tem-"pestad que toda la flota estaba en gran temor. Las noches eran muy lar-"gas que tuvimos una la del 7 de abril que fué de 15 horas, porque el sol "se encontraba al final de Aries y en esta región era invierno como puede "calcular V.M.

"En medio de esta tormenta avistamos el día 7 de abril una nueva tie-"rra de la cual recorrimos cerca de 20 leguas encontrando la costa brava, "y no vimos en ella puerto alguno ni gente, creo porque era el frío tan in-"tenso que ninguno de la flota se podía remediar ni soportarlo".

Como vemos esta descripción no corresponde a las Malvinas, llenas de puertos, cuyas costas no son "bravas" en toda extensión ni tienen isla de dimensión de 20 leguas (corresponde más bien a Georgias del Sur o a un inmenso témpano tubular, visto en medio de una espantosa tormenta. Un clima tan frígido tampoco es normal en Malvinas, según hemos dicho.

Digamos entonces que Vespucio de quien se discute si navegó nuestras costas, o puso proa al mar abierto, si descubrió o no el Río de la Plata y la Costa Patagónica, Malvinas, Georgias del Sur o un témpano, describe una isla en términos que no corresponden a las Malvinas. Sólo la latitud de 50° S ó 52° S sería correcta.

En consecuencia creemos que es muy poco probable que Vespucio haya descubierto las Malvinas.

2) **La Expedición de Magallanes de 1520.** Varios autores atribuyen a la expedición de Magallanes el descubrimiento de las Malvinas. Esa suposición se basa en la cartografía inmediatamente posterior a la expedición; pero nada dicen de un descubrimiento semejante los famosos Diarios de Antonio de Pigafeta, el Piloto Albo, ni la relación de Maximiliano de Taancilvano las cuales pueden leerse en la "Colección de Documentos" de Navarrete y en otras ediciones. Son los únicos testimonios completos y contemporáneos del viaje.

Pudo haberse realizado el descubrimiento por alguna nave enviada a explorar por Magallanes o arrastrada cerca del estrecho por un vendaval del Oeste. Teniendo en cuenta que una nave en esas circunstancias, faltaría por varios días o aún semanas y que descubiertas las islas no se registra, el hecho es muy inverosímil; pero puede haber ocurrido que Albo o Pigafeta no estuvieron en la nave y aunque resulte extraño, no registraron el hecho.

La cartografía en cambio parece apoyar la tesis del descubrimiento.

En las cartas de Diego de Ribero de 1529 aparece un grupo de islas que se denominaron "Sanson". Son ocho o nueve islas que podrían ser las Malvinas. Otras que se llaman de los Patos están muy cerca de la costa. Las islas Sanson están bastante más al norte (en = 49° S) que las Malvinas (51° S) y a poco más que a la mitad de la distancia a la costa.

Otra carta muy interesante es la que dio a conocer el profesor Manuel Destombes en 1938 y que se encontraba en Top Kapu Sarayi de Estambul, la cual fue llevada posteriormente a la Mezquita de los Aghalar en la misma ciudad.

En dicha carta, que se ha fechado en 1522/23, aparece sólo la costa norte del estrecho de Magallanes y al este de la boca del estrecho, a unas 56 leguas (180 millas) se encuentra una isla enorme, de casi 300 millas de largo. Las Malvinas están casi al este (085°) de la boca del estrecho de Magallanes y a 81 leguas (de 5.920 metros). El ser una isla enorme le quita algo de valor a la suposición.

En cartas posteriores del Islario de Santa Cruz, Juan Bautista Agnese 1543/45, Martínez 1577 y Olives 1580 entre otras, aparecen las islas "Sanson". Están siempre situadas muy al norte y cerca de la costa.

El hecho de que las Malvinas hayan sido situadas en distancia muy cerca de la costa puede deberse a una errónea estimación de la longitud muy normal en el siglo XVI, o a que se las corrió deliberadamente al oeste para "asegurarse que caían" dentro de la zona española del Tratado de Tordesillas. Los españoles adulteraban islas y costas hacia el oeste y los portugueses hacia el este.

En consecuencia, aunque faltan relaciones documentales fehacientes del descubrimiento, la cartografía muestra como probable el descubrimiento de las Malvinas por algunas de las naves de la expedición de Magallanes.

3) **Esteban Gómez.** Con la nave "San Antonio", desertó del estrecho el 1° de noviembre de 1520 y llegó a España donde fue sometido a proceso el 6 de mayo de 1521. Ratto ha supuesto que saliendo del estrecho rumbo al Cabo de Buena Esperanza, había descubierto las Malvinas en dos o tres singladuras. Esto no es cierto, el conocimiento de documentos del proceso que se le siguió demuestra que no puso rumbo al Cabo sino que lo hizo a Guinea, en la costa africana, navegando directamente a Es-

paña y llegando a Sevilla el 6 de mayo de 1521. No pasó en consecuencia cerca de Malvinas.

Lo que se sabe del proceso en declaraciones de los tripulantes, tampoco informa del descubrimiento de las islas.

Lo que hemos expuesto prueba casi con certeza, que Esteban Gómez no descubrió las islas en viaje de regreso a España; pero bien pudo ser el primero que transmitió el descubrimiento realizado por alguna de las naves de Magallanes.

Esteban Gómez, que realizó otras navegaciones, conoció en La Coruña a Diego de Ribero, el cartógrafo que en 1529 realizó el "Planisferio" donde aparecen las islas Sansón. Lo prueba un documento del Archivo de Indias en el que se establece que Gómez al volver de América, cedió a Diego de Ribero un indio "lengua" (intérprete) llamado Diego, en el año 1525 (listas que se sucedieron con ciertos indios — Archivo de Indias, Contaduría 427 N° 2).

Se probaría así que Diego de Ribero recibió de buena fuente las novedades del viaje de Magallanes, hasta su entrada al estrecho. Luego completaría su planisferio al regreso de la "Victoria" a España.

4) **Descubrimiento por la "Incógnita" 1540.** Es muy probable el descubrimiento de las islas Malvinas, por la nave "Incógnita" de la Expedición del Obispo de Plasencia el 4 de febrero de 1540.

Esta expedición que zarpó de Sevilla el 12 de enero de 1540, perdió su nave capitana en el estrecho de Magallanes. Otra de sus naves de la que poseemos un diario, consiguió luego de un temporal, que la sacó del estrecho, llegar a una tierra el 4 de febrero de 1540, donde sus tripulantes permanecieron 10 meses. De esta nave no se conoce ni el nombre ni quien era su comandante. Por eso se la denomina "Incógnita".

Este posible descubrimiento ha sido muy bien tratado por Julius Goebel (h) en su libro clásico "The Struggle of de Falkland Islands" y por el Vicealmirante D. Ernesto Basílico, tan citado en este trabajo, en su obra "La Armada del Obispo de Plasencia y el Descubrimiento de las Malvinas".

De este viaje existen dos relaciones, una es de la nave "Incógnita" y la segunda de otra de las dos naves que quedan luego de hundirse la "Capitana".

Se puede seguir por la primera relación (de la nave "Incógnita") que el 20 de enero de 1540 embocó la entrada del Estrecho y el 22 se perdió la nave capitana. A las otras dos naves no las menciona pues se habían separado. Intenta socorrer a los náufragos de la Capitana, pero un temporal se lo impidió y el 27 de enero vuelve a tomar la boca del Estrecho pero no puede hacerlo. Tampoco lo logra el 29 y el 31 de enero de 1540, reciben un fuerte viento SSE, que les quiebra la amarra (estaban fondeados) y deben bordejear.

LAURIO H. DESTEFANI 43

El diario allí se interrumpe y el 4 de febrero vieron tierra (es decir que navegaban en mar abierto) y aparecieron ocho o nueve islas "que en la carta están" (habrían creído que eran las "Sanson").

En esas islas y en una gran Bahía que llamó de las Zorras permanecen hasta el 3 de diciembre de 1540, es decir por 10 meses en que salieron con buen tiempo del sur y suroeste y rodearon la isla, donde "perdieron los berzos" (pequeños cañones) y luego el viento se hizo sudoeste y "con él corrieron dos días a buscar la tierra del norte". El día 5 estaban en cuarenta y nueve y un sexto de grado de latitud sur; es decir, unas 70 ó 75 millas al norte de Malvinas.

La segunda relación explica que llegó una nao de la expedición que estuvo en la isla del Santo Tomé y que allí halló una nao de las cuatro de la expedición del Obispo de Plasencia. A su bordo venían dos hombres de la "Incógnita" que relataron algo semejante a lo expuesto en la primera relación.

Resumiendo: el Dr. Julius Goebel (h) y el Almirante Basílico coinciden en afirmar que la nave "Incógnita" llegó a las islas Malvinas, pero el Capitán de Fragata Héctor R. Ratto afirmó que la "Incógnita" había llegado al Canal Beagle, a quien pertenecían islas y bahía.

Del relato del Almirante Basílico se desprende una demostración muy convencente de que las islas son las Malvinas por las siguientes razones:

1) Que desde el 31 de enero de 1540, siguiendo la primera relación, la "Incógnita" soporta, fondeada, un violento temporal del sursudeste que le cortó el cable del ancla y los arrastraba peligrosamente hacia tierra. Se produjo un recalmón y son arrojados fuera del estrecho. El viento debía ser del oeste o suroeste, pues del noroeste les hubiera permitido permanecer en el estrecho, dado que tenían reparo. La relación se interrumpe por cuatro días y el cuatro de febrero, por la mañana, vieron "ocho o nueve islas, que en la carta están".
Siguen relatando su derrota por las islas que describen, coincidiendo ello con las Malvinas (canales limpios y muchas ensenadas), aunque hablan de montañas muy altas.
El Almirante Basílico concluye que con el viento y la corriente debieron ser arrastrados al este-nordeste y debieron creer entonces que las islas eran las Sansón de la carta de Diego Ribeiro.

2) Que el viento era del oeste-sudoeste, pues corrían sin poder volver al estrecho y que la gran Bahía era la de San Julián en Malvinas, que es cerrada y un laberinto de islas donde encallaron.

3) Que el puerto donde encallaron lo llamaron "Puerto de las Zorras", "pues había muchas de ellas". Que las zorras o lobos-zorros de las Malvinas eran abundantes en las islas, donde se los conoció con el nombre de "Warrah".

4) Que la relación dice que la tierra parecía ser punta de tierra firme de la que corre al sur del estrecho (la "Terra Incógnita Australis") y está al

este-oeste, con la boca del estrecho. Esto indica sin duda que estaban en Malvinas.

5) Que se habla de madera que sale del estrecho y son los troncos llevados desde el estrecho por la corriente del sud-oeste al noroeste (de Malvinas). Lo mencionaron sabios y marinos que visitaron las Malvinas, donde existe hoy la "Caleta de la Leña". Incluso hallaron un trozo de tabla que venía del estrecho adonde se nos perdió la nave capitana. Esta referencia es muy importante y sigue señalando que "toda esta tierra es rasa, sin ninguna arboleda y muy ventosa y demasiado fría, porque ocho meses del año siempre nueva" y los vientos son sudoeste o noroeste, lo cual se ajusta exactamente a las Malvinas. También informan de la existencia de "turba muy sólida" cuya capa tiene entre dos y tres pies, lo cual ocurre en Malvinas.

La vegetación descripta responde al pasto "Tussock" y otros arbustos de Malvinas y la fauna, de patos de tierra y mar (gansos) así como lobos marinos, también coincide.

Se señalan muchas islas, el clima y la duración del verano a invierno, todo lo cual se ajusta a la descripción de las Malvinas.

6) Que la relación informa que zarparon el 24 de noviembre y el 3 de diciembre de 1540 dejaron las Malvinas con viento sur y sudoeste y el día 5, es decir dos días después, tomaron el sol "en cuarenta e nueve grados y un sexto (49° 10' S)". La expresión corrieron dos días a buscar tierra firme de parte del norte, se refiere claramente a la que queda al norte del estrecho de Magallanes, opuesta a la "Terra Australis" que para ellos era la tierra firme del Sur (ver carta del Islario de Santa Cruz). Esta posición para correr con el viento sud-oeste al largo de 180 millas de las Malvinas con velocidad de 3,7 nudos, es totalmente normal.

El Vicealmirante Basílico continúa con la segunda relación, según el relato de los dos tripulantes de la "Incógnita", sacado de una carta escrita a Lázaro Alemán desde Lisboa, de fecha 19 de julio de 1541. En ella se dice muy sintéticamente que la "Incógnita" fue arrastrada "hacia la parte de España y entró a una bahía de más de sesenta leguas donde estuvieron diez meses" Se refiere que a sesenta leguas entran en esa bahía. Excepto una frase oscura de "tomaron la costa abajo", que explica el Almirante Basílico, el resto es coincidente con la primera relación, en general, en cuanto a la descripción de las islas. Lo de "costa abajo" es por suponer que es la costa firme austrial, situada al sur del estrecho.

El Dr. Julius Goebel (h) también concuerda en que la "Incógnita" llegó a Malvinas donde pasó esos meses antes de volver a España.

Todo es tan lógico, claro y convincente, que no se puede menos que concordar con las deducciones del Almirante Basílico. Sin embargo el Capitán de Fragata D. Héctor R. Ratto en su libro "Bordejeando", publicado en el Boletín del Centro Naval en 1927, expresa la opinión de que la

"Incógnita" pasó por el estrecho Le Maire y llegó al Beagle.

El Almirante Basílico señala varios errores de este trabajo, que fue uno de los primeros del Capitán Ratto, y cuando este gran historiador supone que un viento del noroeste los arroja hacia el sur, señala que con ese viento pudieron permanecer en el estrecho. Hace constar que viniendo del norte no puede ver la isla de los Estados desde el nor-nordeste y que la frase que ven las islas "que en la carta están", las mismas sólo podrían ser las Sansón que están mucho más al norte. Indica luego lo dudoso de entrar en bahía Flinders, como señala Ratto, e indica claramente otros errores de interpretación en forma muy clara y también algunas suposiciones que no correspondían. Opina también que las "ocho o nueve islas" que avistaron no pueden referirse a la Tierra del Fuego, como dice Ratto.

Ante una observación sobre pastos quemados en las Malvinas, que para Ratto no era posible por no tener habitantes, el Almirante Basílico señala que el origen del incendio pudo ser un rayo.

Agregaremos que resulta imposible que estando en el Beagle, desde su boca oriental hasta Puerto Almanza, no hayan visto indios alcalufes o yamanas durante los diez meses que permanecieron en tierra. Las Malvinas era el único grupo de islas donde no había habitantes. Por otra parte pensamos que en las cercanías de Puerto Almanza (el Puerto de las Zorras según Ratto), hay árboles coníferos que se ven en las cercanías.

En consecuencia para nosotros es clarísimo lo que expresó Goebel (h) y más extensa y claramente el Vicealmirante don Ernesto Basílico y que la "Incógnita" estuvo en las Malvinas.

Pasaremos ahora al "Islario" de Alonso de Santa Cruz, publicado en 1908 por Franz R. von Wiesser, en Insbruck, cuyos originales son dos códices de la Biblioteca imperial de Viena.

Alonso de Santa Cruz confeccionó una obra que se conoce como el Islario de Alonso de Santa Cruz, editado en 1541, un año después del viaje de la Armada del Obispo de Plasencia y en información que señala como de esa expedición y establece:
"Pasado el Cabo del Estrecho torna a bolver la costa al sueste hasta den-
"tro de una gran baya por casi quarenta leguas y desde la baya torna a
"bolver al noreste casi por cinquenta hasta un cabo que está junto a una
"baya dicha de las Yslas la cual está en medio de dos cabos y delante de-
"lla dos ysletas. Toda la costa dicha está llena de bayas grandes y peque-
"ñas, la cual también descubrió el armada del Obispo de Plazencia, como
"arriba diximos; el cabo dicho, está sesenta leguas al es-nordeste de la bo-
"ca del estrecho, pasado el qual y Baya de las Yslas torna a bolver la cos-
"ta al sueste".

Como dice Julius Goebel (h), no se aclara bien que esto fuera descubierto por la "Incógnita", pero recordemos que la descripción refiere que las islas estaban sobre una tierra firme que el cartógrafo interpretó como la "Terra australis". Además allí menciona la Armada del Obispo de Plasencia, como la que ha proporcionado la información de la zona. Luego la información del cabo, las islas y la Bahía de los Zorros no puede ser de otra fuente que de la "Incógnita".

En la carta se puede observar, a partir de la boca del estrecho de Magallanes y en la "Terra Australis Incógnita", una gran bahía que en su extremo derecho tiene un cabo con dos puntas y una bahía en el medio. Esta última es sin duda la "de las Zorras" y la acompañan dos pequeñas islas. El cabo, la bahía y las dos islas, son las Malvinas unidas a la "Terra Australis Incógnita" porque los tripulantes de la "Incógnita" supusieron que era "tierra firme" la que estaba al sur. En el gráfico la distancia de la boca del Estrecho al cabo y las islas es de sólo 56 ó 58 leguas y en latitud que varía entre 50° y 51° S.

Si tenemos en cuenta todo lo expuesto, convengamos en que tiene plena justificación la teoría del Vicealmirante D. Ernesto Basílico de que este cabo de dos puntas con la había en el medio y las dos islas corresponden en conjunto a las islas Malvinas.

En la costa de Tierra del Fuego y del estrecho de Magallanes del Islario de Alonso de Santa Cruz, las islas y el cabo que representa a las Malvinas están desde el centro de la boca oriental del estrecho de Magallanes, en los azimuts 076° y 085° (del norte al este). Si no se hubiera considerado la declinación, es decir si fueran sólo "azimuts magnéticos" habría que sumarles la declinación aproximada del año 1540, igual a 7° E y esos valores serían respectivamente de 083° y 092°.

En cuanto a la distancia, la relación dice que es de 60 leguas, pero en la carta es un poco menos, 58 leguas (191,8 millas ó 185,4 millas si tomamos la legua de 5.920 metros).

Las islas según su posición hoy bien conocida, tienen en realidad, desde la boca oriental del estrecho de Magallanes, de 073° a 089° y la distancia es de 81 leguas (de 5.920 metros).

La posición dada en el "Islario" de las islas, es entonces bastante perfecta en azimuts desde el estrecho y muy aceptable en distancia.

En consecuencia el descubrimiento de las Malvinas por la "Incógnita" tiene una indiscutible certidumbre. Nosotros lo aceptamos, pero reconocemos que algunos puntos de la argumentación pueden ser disentidos o no compartidos totalmente.

5) **Descubrimiento por John Davis.** Los ingleses suponen que el gran marino inglés John Davis descubrió las islas con la nave "Desire" el 14 de agosto de 1592.

John Davis, era desertor o se había separado de la espedición corsaria de Thomas Cavendish y habría "descubierto el 14 de agosto de 1592, arrojados por un temporal entre ciertas islas nunca descubiertas antes, y de las que ningún relato conocido hace mención; yacen a cincuenta leguas o más de la costa al "este y nortemente del Estrecho".

Esta versión es muy parecida a la presentada en el Islario de Santa Cruz en 1541, en el azimut y distancia.

En consecuencia el descubrimiento de John Davis, parece dudoso por las siguientes razones:

1) El relato de su viaje y descubrimiento fue publicado por John Jane, uno de sus tripulantes, recién en 1600; es decir ocho años después. Ese año el 14 de julio, estuvo de regreso en Holanda Sebald de Weert, aunque por ahora no pretendemos ligar los hechos. La relación de John Jane es fantasiosa en otros pasajes del viaje.

2) Era un desertor, que debió descubrir algo para mejorar su situación personal, al regresar a Inglaterra.

3) La situación de las islas es poco exacta, aún para la época, en un gran marino como era John Davis. No se describen las islas.

4) Pueden haber avistado en medio de la tempestad témpanos tubulares o nubes bajas.

5) En su carta de la famosa colección de Viajes Ingleses "Hakluyt" de 1599, aparecen las islas Sansón y no las que había descubierto Davis.

6) La versión inglesa es sospechosamente semejante a la del Islario de Santa Cruz de 1541. Digamos entonces que este descubrimiento, presenta más puntos de desconfianza que el de la "Incógnita".

Veamos la versión inglesa del supuesto descubrimiento de John Davis: "The ninth had a sore storme, so that wee were constrained to hull, for "our sailes were not to indure any force. The 14 wee were driven in "among certain Isles neves before discovered by any knowen relation "lyng fiftie leagues or better fron the shoare East and northerly from The "Streight: in which place uniesse it had pleased God of his wonderfull "mercie to have ceased the wind wee must of necessitie have perisched. "But the winde shifting to the East wee directed aour course for the "Streight, and the 18 of August wee fell with the Cape in a very thick "fogge and the same ninght wee andkered ten leagues within the Cape. "The 19th day wee passed the first and the second Streights". Esta versión es tomada de la obra original en inglés de Julius Goebel (h) — New Haven y London — 1927 (es inglés antiguo).

Pasamos ahora a la traducción al castellano del trozo del "descubrimiento" de Davis en la obra "La Pugna por las islas Malvinas", imprenta Abaco, Buenos Aires, 1950:

"El día nueve soportamos una fuerte tempestad, la que nos obligó a po-"nernos a palo seco, pues nuestras velas no estaban en condiciones de so-"portar gran esfuerzo. El día 14 fuimos echados entre ciertas islas nunca "descubiertas antes, y de las que ningún relato conocido hace mención; "yacen a cincuenta leguas más o menos de la costa, al nordeste del Es-"trecho; en cuyo lugar, a no haber sido la voluntad de Dios en su mise-"ricordia infinita haber calmado el viento, hubiéramos forzosamente pe-"recido. Pero habiendo virado el viento al Este, pusimos nuestra proa al

"Estrecho, y el 18 de Agosto nos aproximamos al Cabo con niebla muy "espesa y esa misma noche fondeamos a diez leguas de distancia de aquél. "El día 19 pasamos la primera y segunda angosturas".

Tenemos dos observaciones que hacer en el párrafo. "Lyng fiftie leagues or better from the ashore. East and notherly from the streights". Or better significa "o más" y no "más o menos" y "East and notherly" "no es noreste cuya expresión inglesa es "North-East". La traducción "literal es "Este y nortemente", pero aquí quiere significar un rumbo "comprendido entre el Este y el noreste.

En la obra "The seamen secrets" (Los secretos del marino) publicado por el mismo John Davis en 1594, aparece una rosa de los vientos donde se encuentran los rumbos por cuartos (11° 15') entre el Noreste (045°) y el Este (090°).

Tenemos tres rumbos NE by Eeast (Noreste al Este) a los 056° 15', que resulta de sumar a 045° una cuarta; luego sumando otra cuarta tenemos el E Nor-east, 065° 30' y finalmente con otra cuarta el E by Nor 078° 45'. La expresión East and notherly, sería el último rumbo 078° 45' ó el anteúltimo (067° 30'). En resumen las islas de Davis podrían estar entre el Azimut 067° 30' y el 078° 45'. Si no se hubiera considerado la declinación y fueran azimuts magnéticos esos valores, estarían afectados por la declinación 14° E que tendría que ser sumada, para convertirlos en los azimuts verdaderos 081° 31' y 092° 45'.

Volviendo a la frase inglesa del "descubrimiento", ésta quedaría así (en forma más correcta) "yacen cincuenta leguas o más desde la costa Este nortemente desde el Estrecho". Aunque "Este nortemente" pudiera traducirse por alguno de los dos rumbos que hemos elegido de la "Rosa de los Vientos", de Davis, no nos animamos a decidirnos por una.

La distancia de "50 leguas o más" nos trae la incertidumbre sobre la legua utilizada, si la inglesa del Siglo XVII de 20 leguas el grado o la española (de 5.920 m.). Podemos calcular la inglesa comparándola con la española de 17,5 leguas por grado. En el primer caso las 50 leguas, de a 20 por grado, serían 139 Ms. modernas. En el segundo igual a las españolas de 17,5 leguas por grado sería de 160 millas.

Vemos que las "ciertas" islas de Davis están en azimut casi igual a las descubiertas por la "Incógnita" y en distancia solamente 10 leguas menos. También que la situación de las islas "descubiertas" por Davis es bastante aceptable.

Sin embargo la sospecha de que este "descubrimiento" se fraguó por John Jane para mejorar la delicada posición de Davis, tachado de desertor, y que para eso se basó en descubrimientos españoles, se fortalece por el sospechoso parecido siguiente:

La versión de las islas encontradas por la "Incógnita" según Alonso de Santa Cruz, es la siguiente: el cabo dicho (el de las islas que configuran las Malvinas) está sesenta leguas al es-nordeste de la boca del estrecho.

El texto de John Jane traducido al castellano en la parte del descubrimiento es el siguiente: "ciertas islas . . . yacen a cincuenta leguas o más de la costa Este y nortemente desde el Estrecho.

En la carta del Islario hemos medido 58 leguas en lugar de la del texto, pero si se mide desde la costa norte de la boca del estrecho o cercano a él oscila entre 58 y 54 leguas. De modo que si la posición de las islas debían darse en la versión inglesa, lo más correcto era expresar "50 ó más leguas".

En cuanto al azimut "East y notherly" que traducen "Este y Nortemente" o también por "Este-noreste" es sospechosamente parecido al texto español del Islario "es-nordeste". La versión inglesa de Goebel lo traduce al inglés como "east-northeast". Puede suponerse que East and notherly" es una mala traducción del original español "es-nordeste".

Es entonces muy sospechosamente muy semejante, la versión inglesa del descubrimiento de Davis, con la del Islario de Santa Cruz. Si tenemos en cuenta que el Islario era conocido a partir de 1541 y que un marino capaz e ilustrado como era John Davis, no podía dejar de tenerlo en cuenta, se aumenta la sospecha de que el descubrimiento inglés se basó en otro español anterior, que, por la semejanza de redacción, no puede ser más que el del Islario de Santa Cruz.

Todo esto, más las razones expuestas anteriormente, hacen dudoso el descubrimiento de las Islas Malvinas por John Davis.

Aún si lo consideramos en la forma más benévola posible, debería tenerse en cuenta que si Davis descubrió las Malvinas, en forma más perfecta lo realizó la nave "Incógnita", ya que su orientación es tan correcta como en el descubrimiento inglés y la distancia es más aproximada a la real de las Malvinas.

6) El posible descubrimiento de las islas por Richard Hawkins - 2 de febrero de 1594. Este descubrimiento ha merecido mucha mayor atención de los autores argentinos y extranjeros; pero todos hacen resaltar las diferencias de su descripción con la realidad de las islas y la inexactitud de la latitud, que nos menciona "aproximadamente a los 48° S".

En consecuencia el descubrimiento de las Malvinas por Richard Hawkins, es muy improbable.

7) Descubrimiento por Sebald de Weert - 24 de enero de 1600. Aceptado generalmente como el primer avistaje que no tiene objeciones y reflejado en la cartografía inmediata posterior. Se considera con mucha lógica que si Sebald de Weert descubrió las Sebaldes o Sebaldinas (Is. Jason para los ingleses), con ello descubrió las Malvinas.

En el año 1598 partieron de Texel (Holanda), cinco naves a las órdenes del Almirante Jacobo Mahu y una de ellas estaba al mando de Sebald de Weert. El viaje comenzó con mala suerte ya que Mahu murió en aguas del Atlántico y debió entonces asumir el mando Simón de Cordes. El 3 de abril de 1599 llegaron a San Julián y luego de entrar en el estrecho de Magallanes fondearon cerca de las islas Isabel y Santa Magdalena. Al salir al Pacífico una fuerte tormenta separa dos de los navíos y retornan entonces al estrecho otras dos naves. Una de ellas denominada "Geloof" (La Fe) al mando de Sebald de Weert. Este marino con su buque alcanza nuevamente las aguas del Océano Atlántico (la otra nave había navegado otra vez rumbo al Pacífico) el 22 de enero de 1600 y pone proa rumbo a Europa, pero el día 24, sobre latitud 50° 40' descubrió tres islas a las que denominó Sebaldinas. Son las que actualmente se conocen también con el nombre de Jason, en el Archipiélago de Malvinas.

La posición dada por Sebald de Weert dio una latitud de 50° 40' S y a 60 leguas de la costa.

La distancia es dada en leguas, posiblemente holandesas que eran de a 15 por grado, en ese caso equivalente a una 70 españolas. De todos modos la distancia está entre 10 y 20 leguas de la exacta.

Por otra parte Sebald de Weert publicó un bosquejo de las islas que se corresponde con la realidad.

Sebald de Weert es entonces generalmente aceptado como "descubridor de las Malvinas" o redescubridor porque consideramos que el primer descubrimiento se llevó a cabo con la nave "Incógnita" de la expedición del Obispo de Plasencia.

La "Geloof" llegó de regreso a Holanda el 14 de julio de 1600 y desde entonces las Sebaldinas figuran en las cartas con bastante exactitud.

Como resumen de todo lo expuesto, estimamos que no tienen mayores argumentos, para optar al descubrimiento los que se atribuyen a Vespucio, Esteban Gómez, Pedro de Vera de la expedición Loaysa, Alcazaba y John Hawkins. Que son dudosos los atribuidos a la expedición de Magallanes y a John Davis.

Que nos parecen ciertos los de la "Incógnita" con su argumentación difícil y farragosa y el de Sebald de Weert.

Es interesante la fundada sospecha de que en el relato de la expedición de John Davis, John Jane fabricó el descubrimiento de "ciertas islas", para enaltecer la figura de su Capitán, tachado de desertor y que para ello se basó en el Islario de Alonso de Santa Cruz de 1541.

En una expedición holandesa salida de Texel en 1598, una nave llamada "Geloof" (La Fe), al mando de Sebald de Weert, al regresar del estrecho de Magallanes descubrió tres pequeñas islas el 24 de enero de 1600. Las situó y las describió. No quedan dudas que son las Sebaldinas (Jason para los ingleses) que forman parte del archipiélago Malvinero.

En resumen, Sebald de Weert es aceptado generalmente como el descubridor de las Malvinas y la nave "Incógnita" española, lo había hecho antes.

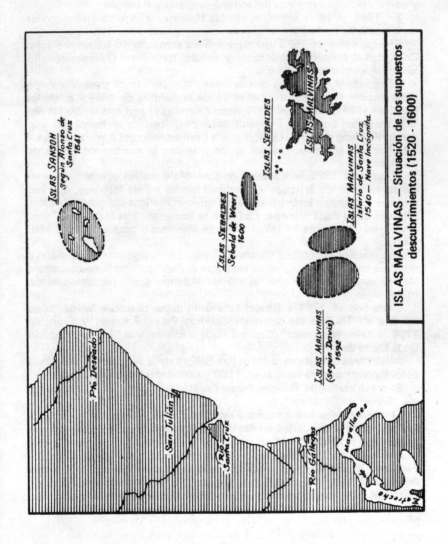

ISLAS MALVINAS — Situación de los supuestos
descubrimientos (1520 - 1600)

8) **Período de 1600 a 1764.** En este período, las islas fueron avistadas y aún visitadas por marinos holandeses, ingleses y franceses.

En 1616, el 18 de enero, avistó las Malvinas la expedición holandesa de Schouten y Le Maire.

El 8 de enero de 1683 una nave inglesa al mando del filibustero John Cook con el corsarista explorador y naturalista William Dampier que dió una buena situación de las islas.

El capitán John Strong con la nave "Welfare" (o "Farewell") zarpó de Plymouth en viaje comercial el 11 de noviembre de 1689 y avistó las Malvinas el 27 de enero de 1690, descubriendo el canal que separa las dos islas mayores. Lo llamó Falkland, muy posiblemente en honor del Vizconde Falkland (1659 - 1694), que era Comisionado del Almirantazgo inglés por ese entonces. Designó a las islas con el nombre de Tierra de Hawkins.

A partir de 1698 los franceses de Saint-Maló son los que inician un segundo período de avistajes y descubrimientos en las Malvinas, que van a tomar su nombre justamente de los célebres marinos del puerto bretón, sobre el Canal de la Mancha. Las islas se llamaron "Iles Malouines" y de allí derivó el nombre castellanizado de Maluinas y posteriormente Malvinas.

Los marinos malouinos llevaron a cabo más de un centenar de viajes a nuestros mares australes, en su mayoría al Pacífico donde comerciaban. Más de una docena de ellos avistó las Malvinas y algunos desembarcaron en ellas.

Citaremos en 1701 a Beauchesne-Goin quien descubre la isla de su nombre en 1705, a los capitanes Coudray Pereé, Fouquet y Eron; en 1706 la nave "Maurepas" (Capitán de la Verunne) y el "Louis" (Capitán De la Marre de Caen).

Alain Pereé con el navío "Nuestra Señora de la Asunción" recorrió la costa septentrional de las islas en 1708 y varios más también lo hicieron.

El corsarista inglés Woodes Rogers avistó las islas en 1708, con sus naves "Duke" y "Dutchess".

El ingeniero francés Amadeo Francisco Frezier, recopiló los viajes de los malouinos y los publicó en París en 1732 con una carta donde las islas se llamaban Nouvelles.

Desde 1712 a 1764, consolidada la dinastía borbónica con Felipe V y Fernando VI, las islas no son más visitadas por los franceses pero sí por el Almirante holandés Jacobo Roggeween en 1721, con tres naves.

Luego no se registran visitas hasta 1764 en que comienza la colonización de las islas.

CAPITULO V

Las Malvinas bajo dominio español.

Los primeros en intentar colonizar las Malvinas fueron los franceses, empeñados en resurgir luego de la desastrosa paz de París de 1763, donde habían perdido importantes posesiones.

Luis Antonio de Bougainville, nacido en París en 1729, diplomático y marino destacado, logró convencer al Duque de Choiseul, Ministro de Guerra y Marina de Luis XV para realizar la colonización de las Malvinas.

La espedición de Bougainville zarpó de Saint-Maló el 8 de septiembre de 1763 con la Fragata "L'Aigle" y la corbeta "Le Sphinx" y luego de tocar Montevideo, donde dejaron entrever que su destino era la India, zarpó para Malvinas, donde recalaron el 31 de Enero.

El 2 de febrero de 1764, la expedición Bougainville entró en una amplia bahía, al noroeste de la Malvina Oriental. Los franceses la llamaron Bahía Francesa o del Este (los españoles la llamarían de la Anunciación y los ingleses Berkeley Sound).

En los primeros días de marzo de 1764, los franceses construyeron un fuerte y luego una serie de edificios que constituyeron una población denominada Saint Louis. La inauguraron el 5 de abril.

Inglaterra ya decidida a intervenir en las islas envió una expedición para establecer una o más colonias. La misma al mando del Comodoro John Byron visitó las Malvinas y el 15 de enero de 1765 penetró en un amplio puerto formado por tres islas (Trinidad, Vigía y parte noreste de la Gran Malvina) y lo llamó Egmont en honor del Primer Lord del Almirantazgo y Segundo Conde de Egmont.

Poco estuvieron los ingleses que desembarcaron, izaron su bandera y tomaron posesión de todas las islas vecinas bajo el nombre de "Falkland Islands" para el Rey Jorge III, de Inglaterra. Poco después Byron dejó las islas. Los franceses hacía ya un año que habitaban Puerto Luis, pero esto no era conocido por los ingleses. Al año siguiente el Capitán de Navío John Macbride, con 3 naves, llegó a Puerto Egmont el 8 de enero de 1766 y estableció un fuerte al que denominó "George".

Cuando España tuvo conocimiento de la ocupación de las Malvinas por los franceses, inició una fuerte y decidida reclamación ante su aliado francés el rey Luis XV. Las negociaciones fueron largas, pero Francia reconoció internacionalmente, el derecho español a las islas y resolvió entregarlas a los españoles previa indemnización de todo lo gastado como particular por Bougainville.

Entretanto los ingleses habían tomado conocimiento de ese estable-

Luis Antonio de Bougainville. Según un grabado antiguo. Reproducción de la obra de Julius Goebels (h).

cimiento francés, al que visitaron, pero se retiraron dejando una declaración por la cual afirmaban que las islas pertenecían a Inglaterra.

España, ya de acuerdo con Bougainville, resolvió abonarle 616.108 libras tornesas, 18 sueldos y 11 dineros. De esa cantidad 200.000 libras tornesas se abonaría en París y el resto, equivalente a 75.621 y 3/4 pesos fuertes, se abonarían en Buenos Aires. Además se mandó como Gobernador de las islas Malvinas al Capitán de Fragata de la Real Armada D. Felipe Ruiz Puente, con dependencia del Gobernador y Capitán General de Buenos Aires.

El flamante gobernador hispano viajaría con las fragatas "Liebre" y "Esmeralda" y sería acompañado desde Montevideo por la fragata "La Boudeuse" con Bougainville.

El 2 de abril de 1767, el ya Capitán de Navío Felipe Ruiz Puente tomaba solemne posesión de la colonia francesa de Puerto Luis.

Un año después la población se denominó Puerto de Nuestra Señora de la Soledad, al ser entronizada una imagen de la Virgen María con esa advocación.

A partir de la instalación española, todos los años se realizaba en los meses de verano el aprovisionamiento de la colonia. Se lo efectuaba desde Montevideo con una o dos fragatas de guerra al principio y luego con corbetas y aún con bergantines, acompañados de una o varias embarcaciones menores de carga y transporte de animales, víveres, pertrechos, etc.

El 28 de noviembre de 1769, se produjo en el estrecho de San Carlos el encuentro de una nave española salida en exploración de Puerto Soledad, con otra inglesa procedente de Puerto Egmont. A partir de entonces los españoles tuvieron la certeza de la presencia inglesa en las islas aunque no sabían dónde.

Siguiendo órdenes de la corona española, el Gobernador de Buenos Aires Francisco Bucarelli y Uruzúa, daba órdenes terminantes al Capitán de Navío Juan Ignacio Madariaga, el 26 de marzo de 1770, para que encontrara y expulsara a los ingleses de Malvinas.

Primeramente se envió de exploración a una fragata al mando del Capitán de Fragata Fernando Rubacalva, el cual encontró la población inglesa y el Puerto Egmont y regresó informando que sólo una nave inglesa se encontraba en ese puerto.

El día 11 de mayo de 1770 Madariaga salió con su fuerza naval compuesta de 4 fragatas: la "Industria" de 28 cañones de "a 12"; "Santa Bárbara" con 26 cañones de "a 8"; "Santa Catalina" que montaba 26 cañones de "a 12" y "Santa Rosa" con 20 cañones de "a 6". Acompañaban también a esta división el chambequín "Andaluz" con 40 cañones y el bergantín "San Rafael". El gran total comprendía 1400 hombres de tropa embarcada y marinería y la artillería era de 140 cañones, incluída una batería de desembarco.

Vista de la Bahía del Este, la más grande de las Islas Malouines y de su población (1764 - 1765).

El 3 de junio de 1770 Madariaga fondeó en Puerto Egmont y después de intercambiar mensajes de protestas con los ingleses durante varios días, resolvió proceder.

El día 10 de junio de 1770 fue el señalado para el ataque mientras los ingleses se aprestaban a la defensa. A las diez horas se da la señal de empezar la lucha y abrir fuego sobre la "Favorita", la fragata inglesa que se hallaba en ese lugar. Las lanchas desembarcaron en tierra y luego algunos cañonazos fueron intercambiados entre los bandos contrincantes. Los ingleses lo hicieron para salvar el honor y luego izaron bandera blanca. No hubo bajas.

Cuando la noticia de la toma de Puerto Egmont llegó a Inglaterra, se hizo una cuestión de honor de la devolución del establecimiento y recibir completas satisfacciones.

En realidad Francia no quería la guerra y España tampoco y mucho menos sin el apoyo francés. Finalmente Luis XV pidió a Carlos III que hiciera un sacrificio para evitar el conflicto.

Abandonado por Francia, el rey español negoció con Inglaterra y a cambio de una llamada "promesa secreta" de que estando a salvo su honor, Inglaterra evacuaría las Malvinas, resolvió ceder y devolver Puerto Egmont.

En una declaración firmada el 22 de enero de 1771 entre Inglaterra y España, se estableció que su Majestad Católica se comprometía "a dar órdenes inmediatas, a fin de que las cosas sean restablecidas en la Gran Malvina en el puerto denominado Egmont exactamente al mismo estado en que se encontraba antes del 10 de junio de 1770".

"El Príncipe de Masserano declara al mismo tiempo, en nombre del Rey su señor, que el compromiso de la citada Majestad Católica de restituir a su Majestad Británica la posesión del puerto y el fuerte denominado Egmont, no puede ni debe en manera alguna afectar la cuestión del derecho previo de soberanía sobre las islas Malvinas, denominadas también Falkland. En prueba de ello, yo, el infrascripto, Embajador Extraordinario, he firmado la presente". Inglaterra había triunfado. Puerto Egmont fue devuelto el 16 de septiembre de 1771.

Entretanto el Príncipe de Masserano, embajador español en Londres, comenzó poco después a pedir la prometida evacuación inglesa, pero la misma tardaba en producirse.

Durante casi seis años gobernó Felipe Ruiz Puente en ese alejado e inhóspito destino y el 23 de enero de 1773 entregó ese cargo a su relevo, el Capitán de Infantería Domingo de Chauri.

Después de muchas reclamaciones, los ingleses decidieron evacuar las islas. Fue el cumplimiento de la promesa secreta o fue la situación internacional y la ya latente insurrección de su gran colonia americana?

El 20 ó el 22 de mayo de 1774 los ingleses evacuaron Puerto Egmont, pero dejaron una placa en la que decían, en inglés, lo que sigue traduci-

Brigadier D. Phelipe Ruiz Puente, primer Gobernador Español de Malvinas, de un óleo del Museo Naval de Madrid

do: "Sepan todas las naciones, que las islas Falklands, con su puerto, los almacenes, desembarcaderos, puertos naturales, habías y caletas a ellas pertenecientes, son de exclusivo derecho y propiedad de su más sagrada Majestad Jorge III, Rey de Gran Bretaña. En testimonio de lo cual, es colocada esta placa y los colores de Su Majestad Británica dejados flameando como signo de posesión por S. W. Clayton Oficial Comandante de las Islas Flalklands. A.D. 1774".

A partir de entonces desapareció esa quita de soberanía que significaba Puerto Egmont. Los ingleses no volverían sino varias décadas después, invocando derechos que nunca tuvieron y que sólo habían adquirido por una ocupación ilegal y momentánea.

La bandera española en Puerto Soledad era desde entonces la única expresión de soberanía en las islas.

Las islas eran de España. Esta nación ocupó las Malvinas el día 2 de abril de 1767 y desde 1774, con la evacuación inglesa quedó como única dueña hasta el 13 de febrero de 1811.

Durante este período el mundo sufrió fuertes conmociones políticas y militares y de él surgió más poderosa que nunca Gran Bretaña.

Al producirse la guerra que terminó con la independencia de los Estados Unidos de Norteamérica, Francia y España actuaron como aliados de los americanos y en esta guerra sufrió un traspié Inglaterra; sin embargo se recuperaría totalmente y aún más firmemente en la batalla naval de Trafalgar, librada el 21 de octubre de 1805.

En 1788 falleció Carlos III y fue reemplazado por Carlos IV, que no tenía condiciones para gobernar en un período tan difícil, donde la Revolución Francesa y luego la hispano americana, causarían gran daño a España y a su Imperio.

Desde 1767 hasta 1811, repetimos, España dominó en las Malvinas, donde actuaron 20 gobernadores. Todos fueron marinos, excepto el segundo de ellos que pertenecía al Ejército y fue Domingo de Chauri.

El 5 de enero de 1774 tomó el mando de las Malvinas un nuevo gobernador, el Capitán de Fragata Francisco Gil y Lemos, extraordinario marino que había realizado muchas navegaciones en los mares patagónicos y malvineros. Los gobernadores de Malvinas dependían del Gobernador de Buenos Aires o del Virrey del Río de la Plata.

En el puerto de Montevideo se preparaba anualmente la expedición compuesta por una o más naves para efectuar los relevos y reaprovisionamiento. Los viajes duraban de veinte a treinta y cinco días, o aún más, debido a los frecuentes temporales.

Con la creación del Virreinato del Río de la Plata se fortificó toda la región del sur de América, en peligro por las ambiciones portuguesas e inglesas.

El 9 de agosto de 1776 se creó el Apostadero de Montevideo y allí debía haber una fragata de guerra preparándose para relevar a otra unidad

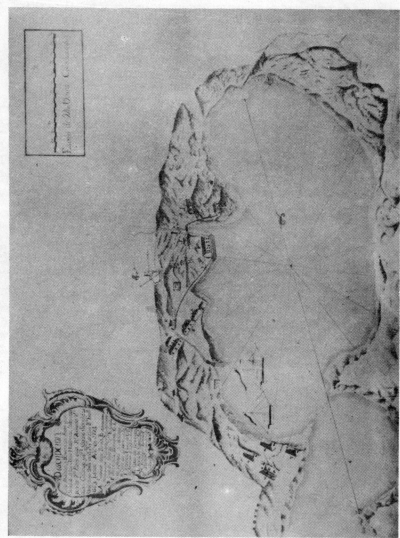

Descripción de la población y dársena del Puerto d: la Soledad de las Islas Malvinas levantado por los pilotos de la Real Armada D. Juan Callejas y D. Narciso Sánchez. 1774.

similar que cumplía permanencia en Malvinas. A medida que transcurría el tiempo y se acentuaba una segunda decadencia naval hispana, las fragatas fueron reemplazadas por corbetas y más tarde éstas lo fueron por bergantines y aún sumacas.

Los gobernadores de las islas recibían órdenes de inspeccionar anualmente Puerto Egmont, para verificar que los ingleses no se hubieran vuelto a establecer en aquel lugar. En realidad siempre se encontraban en las islas y bahías, loberos y balleneros ingleses y también norteamericanos, empeñados en la depredación de la fauna en costas y puertos malvineros.

La isla fue un presidio español y siempre hubo una treintena o más de presos en la mayor parte de la época española. En el período del gobernador Altolaguirre (1781 - 1783) los presidiarios eran más de 40; muchos de ellos eran criollos del campo y realizaban las faenas que se efectuaban con el ganado vacuno y caballar.

El Capitán Gil y Lemos prosiguió su carrera en España alcanzando el grado de Teniente General de Marina y además fue Virrey del Perú. En 1805 fue nombrado Secretario de Estado Interino de Marina y ascendido a Capitán General (Almirante), siendo confirmado como Ministro en 1806. Falleció en 1809.

Junto con los relevos de gobernadores solían venir los de los dos capellanes hasta ahora franciscanos.

Las inspecciones de Puerto Egmont continuaron y se realizó un censo de ganado resultando un total de 395 cabezas de vacunos que pastaban en corrales o en las cercanías de Puerto Soledad.

Al Teniente de Navío D. Ramón Carassa que siguió a Gil y Lemos lo relevó el 22 de noviembre de 1779 el de igual grado D. Salvador Medina.

En 1780 se creó el Malvinas el presidio. La plana mayor, la tropa, la marinería y los presidiaron constituían la dotación de Malvinas.

Naves de abastecimiento, bergantines o fragatas mercantes venían anualmente en el verano con relevo y pertrechos.

Los gobernadores de Malvinas eran distinguidos oficiales que luego seguían en años posteriores brillantes carreras.

Si bien costaba un precio elevado al Virreinato mantener Puerto Soledad, lo cierto es que se afianzaba la soberanía española insular.

La población civil había sido evacuada, ya no existían familias francesas ni personal civil colonizador. En la biblioteca de los padres franciscanos o mercedarios había 17 libros entre "predicables y morales" y el ganado crecía semi-libre o en corrales.

La nave de estación ayudaba a llevar mejor vida a los marinos, soldados, profesionales y presidiarios de Puerto Soledad.

El Teniente de Fragata Jacinto de Altolaguirre fue el primer gobernador de origen criollo que tuvo a su cargo las islas Malvinas. Había nacido en Buenos Aires el 15 de julio de 1754 y era hijo de Martín Altolaguirre, español, y de doña María Josefa Pando, porteña.

La familia de Martín Altolaguirre fue numerosa y distinguida y tuvo gran actuación en la colonia y el período independiente.

La carrera militar del joven porteño empezó en el Ejército y logró el raro privilegio de pasar a la Real Armada, donde participó en acciones de guerra contra los berberiscos en el norte de Africa.

El 16 de mayo de 1776 fue ascendido a Alférez de Navío y el 14 de mayo de 1779 a Teniente de Fragata, prestando servicios en el Apostadero de Montevideo.

A mediados de 1780 el diligente Virrey que era Vértiz resolvió reducir efectivos en las Malvinas y puestas sus órdenes en ejecución, se logró una enorme economía llevando el gasto a 11.102 pesos que representaba una quinta parte de lo que antes se gastaba.

Nombrado gobernador de Malvinas, Jacinto Altolaguirre se trasladó a las islas llegando a las mismas a principios de 1781.

Por entonces el estado de los edificios de Puerto Soledad, único lugar habitado de las islas, era el siguiente:

1 casa del gobernador (de piedra)
1 casa del Capitán del Puerto
1 hospital
4 casas de oficiales
1 capilla
1 cuartel de marineros
1 cuartel de presidiarios y tropa
1 guarda de muelle
1 horno
5 cuartos de individuos de maestranza
1 obrador de carpintero
1 casa de herrería
1 estancia
1 casa chica
1 almacén
1 almacén de piedra (contiene almacén de víveres, de pedreros y de la junta)
1 "bigía de bote" (era una tienda de campaña)

todo ello suman 20 ó 25 habitaciones, la mitad de piedra y el resto de "tepes", especie de panes de césped, consolidados por las raíces.

En la nota agregada de la entrega, señalaba Altolaguirre que en la dotación de la nave de la isla debía haber 2 carpinteros y 2 calafates, mientras que sólo quedaba uno de cada clase.

La artillería estaba repartida en tres baterías a saber:

1) — **Batería de San Carlos:** con 4 cañones de "a 8" y 2 cañones de "a 6", con 972 balas de "a 8" y 167 de "a 6".

2) — **Batería Santiago:** con 4 cañones de "a 24" y 1.178 balas.

3) — Batería San Felipe: con 3 cañones de "a 8" con 785 balas de "a 8".

En la punta del muelle se contaba con 4 "pedreros" de "a 3" y 262 balas.

Había además 49 fusiles (de los cuales 33 estaban inutilizados); 19 pistolas (4 inútiles); 83 chuzas. La munición era de 213 balas de fusil y 21.171 cartuchos.

La dotación de la isla estaba compuesta por el gobernador, 2 religiosos, el Ministro de la Real Hacienda, 3 oficiales, 1 cirujano, 50 soldados, 43 presidiarios, 1 albañil y 1 panadero, que en total sumaban 103 personas.

Dura y monótona era la vida en Malvinas. El clima de invierno era frío, húmedo y ventoso. Las casas eran poco confortables y se seguía en la isla la rutina militar, haciendo ejercicios de artillería y fusil, limpieza y recorrida de armamento, reparaciones de naves, etc. En la capilla se oficiaba misa y una parte de la dotación cuidaba del ganado; las diversiones eran pocas y consistía en juego de cartas y alguna que otra excursión de caza. Se cubrían guardias de vigilancia en la bahía de la Anunciación para prevenir la llegada de embarcaciones extrañas o cualquier otra sorpresa.

Sin duda la actividad más importante era la navegación o exploración de inspección que se realizaba por las islas, a fin de prevenir el establecimiento de pescadores o marinos ingleses.

El 30 de setiembre de 1781 Jacinto Altolaguirre informa que ejecuta el reconocimiento de Puerto Egmont el Artillero de Mar y Capataz José Morel.

En el mes de abril de 1782 arriban a Malvinas los buques transportando los relevos y pertrechos; se cambian algunos oficiales, los 2 religiosos y ahora la dotación se compone de 123 hombres.

Altolaguirre comisiona al Subteniente Vicente Villa para que efectúe otro reconocimiento de Puerto Egmont, que lo finaliza sin novedad en mayo de 1783.

El 1° de abril de 1783 el Capitán de Fragata D. Fulgencio Montemayor reemplazó a Altolaguirre. Nuestro joven oficial porteño prosiguió su carrera y lamentablemente enfermó y murió en Madrid el 26 de agosto de 1787, con el grado de Teniente de Navío. Así, en tierra distante, lejos de su ciudad natal y de los suyos, destino común de los marinos, falleció el primer gobernador criollo de las Malvinas. Su actuación contribuyó a mantener a través de la jurisdicción española, los derechos que luego heredaría su patria libre y soberana.

Estos son vínculos de sangre argentina que, enlazados con los hechos políticos, hacen una sola y unida historia argentina, la que comprende un período hispánico de civilización y un período independiente y soberano.

Fulgencio Montemayor se hizo cargo de las islas sin saber que en España había sido ascendido a Capitán de Navío y sólo lo supo al regresar de las islas de donde fue relevado el 28 de junio de 1784. Este oficial de jerarquía había ido a Malvinas porque España estaba en guerra contra Inglaterra.

A Montemayor le sucedieron oficiales de menor graduación. El Teniente de Navío D. Agustín Figueroa hasta mediados de 1785, siendo sucedido por el Capitán de Fragata D. Ramón Clairac y Villalonga. Este jefe naval mandó tres veces en las islas. Persiguió a loberos y balleneros, exploró las costas patagónicas, verificó la recorrida anual inspeccionando Puerto Egmont. Clairac fue gobernador en 1785, 1787 y 1789. Se alternó con el Teniente de Navío Mesa y Castro, y durante su gobernación se repararon edificios en ruinas y se realizaron extensas expediciones para seguridad de las islas y costas patagónicas.

En 1788 el ganado vacuno alcanzaba a 2.180 cabezas y los yeguarizos sumaban 166 animales. Numerosos loberos ingleses y americanos merodeaban por las islas y eran inspeccionados por las naves españolas que les prohibían cazar, pero la verificación era difícil.

Clairac levantó una carta de las islas Malvinas.

La tranquila y dura vida en Puerto Soledad se iba a sentir conmocionada por una noticia que daría lugar a una ceremonia realizada con el mayor despliegue posible para los exiguos medios con que se contaba. El Rey Carlos III había muerto el 14 de diciembre de 1788 y se había exaltado al trono a su hijo Carlos IV. La noticia llegaba a las Malvinas más de diez meses después.

El mismo gobernador, Capitán Clairac, informa con detalles las ceremonias y festejos: "Se formó un capaz tablado de cuatro ochavas sostenido de 20 arcos con sus respectibas Escaleras y Pasamanos y en el se levantó un dozel, ocupando el fondo en medio donde se colocó el retrato de S.M. (que Dios gue)". También se formó un jardín con ocho cipreses que hacían de astas de respectivas banderas de España. El estandarte fue colocado en el arco principal y en el medio.

La jura al nuevo monarca se ejecutó el 4 de noviembre de 1789, haciendo las funciones de Alférez Real D. José Blas Parexa, el Ministro de la Real Hacienda. El estandarte real fue llevado a la iglesia en solemne procesión que encabezó el Gobernador, su plana mayor y toda la tropa de guarnición, a caballo.

En la capilla bien adornada e iluminada al máximo se cantó el tedeum en acción de gracias.

También se formó una plaza de toros improvisada, pero donde había balcón y gradas. Para torear se destacaron "ocho individuos" no sabemos si voluntarios, uno de matador, otro de rejoneador, dos picadores y "cuatro chulos", vestidos de uniforme adecuado. Se lidiaron en total 12 toros, a 4 por tarde, de los tres días que hubo corrida.

También en el Cuartel de Marina, se hicieron comedias en un tablado improvisado.

Durante tres noches la población estuvo con gran iluminación en las principales casas y edificios.

Desde el hospital a la capilla se formó una batería de 20 cañones desembarcados de la "Santa Elena" y hubo bombas y fuegos artificiales simulándose un combate entre dos navíos de tres puentes, construidos al efecto con una eslora de 3,75 metros, los que se incendiaron en la última noche de los festejos.

No hay duda que estas celebraciones y divertidos acontecimientos, rompieron la monotonía de la vida isleña y que debe haber sido muy bien recibida la carne de los 12 toros sacrificados por el improvisado torero.

En los últimos días del año 1789 habían llegado a las islas Malvinas las dos primeras corbetas que constinuían la expedición que dirigía el por entonces Capitán de Navío D. Alejandro Malaspina.

Esta formidable expedición científica, política, artística, llevaba a su bordo las dos mejores dotaciones de la Real Armada, así como un conjunto de naturalistas, cartógrafos y artistas muy difíciles de igualar.

La expedición había zarpado de Cádiz el 30 de julio de 1789.

Para acompañar a las corbetas en la costa patagónica, el Virrey encomendó el bergantín "Nuestra Señora del Carmen" al experto piloto Don José de la Peña y Zurueta. Era el hombre indicado por su experiencia en nuestros mares australes, sus grandes dotes náuticas y su conocimiento no sólo de nuestra costa, muchas veces recorridas, así como la de Malvinas, sino también por ser un reconocido amigo de los indios del sur.

La expedición arribó a Deseado el 2 de diciembre, después de haber avistado un lobero inglés y allí encontró al bergantín de de la Peña y Zurueta.

El Virrey encargó a Malaspina también la inspección de la costa para verificar no se hubieran establecido los ingleses en la costa patagónica, en puerto de la Cruzada, en la isla de los Estados o del estrecho de Magallanes al cabo de Hornos. Se pretendía así completar los reconocimientos que no había podido terminar el Capitán de Fragata D. Ramón Clairac.

El día 13 de diciembre las corbetas zarparon para Malvinas, para fijar en Puerto de la Cruzada (o Egmont) la posición astronómica de las islas, mientras el bergantín "Nuestra Señora del Carmen" seguía hacia el sur, a San Julián, río Santa Cruz y Gallegos. En esta navegación encontró a 7 buques balleneros ingleses y a 2 franceses y posteriormente regresó a Montevideo.

En cuanto a las corbetas de Malaspina, la "Descubierta" y la "Atrevida", siguieron su navegación al extremo occidental de las Malvinas, viendo en su camino a numerosas ballenas, lobos marinos y aves acuáticas, que hicieron pensar a Malaspina en la importancia de su explotación.

Lamentablemente toda esa riqueza fue duramente depredada durante años por los ingleses, norteamericanos y franceses.

Reconocimientos, medida de la declinación que resultó 22° E, cartas y estudios, marcan el paso de las famosas corbetas en una de las cuales se hallaba el Teniente de Fragata Francisco Xavier de Viana, nacido en Montevideo.

El 20 de mayo de 1790 el Teniente de Navío Juan José de Elizalde arribó a Malvinas con la corbeta "San Pío" y pronto se comenzó con la entrega de la gobernación de las islas.

En ese año se produce un hecho internacional que repercute en todos los dominios hispanos y también en Malvinas. Es el tratado o convenio de Nootka Sound, firmado entre Inglaterra y España.

En Nootka Sound (Vancouver, Canadá) son detenidas dos naves inglesas por entrar en jurisdicción española. La información llegó a la corte española a fines de 1789 y como había ocurrido en el caso de las Malvinas, los británicos consideraban ofendido su honor y exigían un desagravio además de las naves.

Era el Primer Ministro inglés William Pitt "el Joven" y dio comienzos a preparativos de guerra, que también inició España. No era posible que la Real Armada española pudiera luchar sola contra la escuadra inglesa, pues ésta era doblemente superior y por ello España recurrió a la Francia de Luis XVI, gobernada en realidad por la Asamblea Nacional, uno de cuyos principales representantes era Mirabeau. Francia se mostró reticente una vez más con su aliada y los ingleses y españoles efectuaron negociaciones en las cuales los primeros obtuvieron grandes ventajas.

El 28 de octubre de 1790 se firmó en San Lorenzo la Convención de Nootka Sound, en la cual España, pese a los esfuerzos de Floridablanca, cedía, ante la desventajosa situación militar en que la colocó la defección de su aliada. Se restituía a Inglaterra lo apresado en Nootka; se le debía entregar una reparación por perjuicios sufridos, no se debía molestar a los súbditos de ambas potencias ya sea pescando o navegando en el océano Pacífico o en los **Mares del Sur**, ya fuera desembarcando en costas que circundan estos mares, en parajes no ocupados, para comerciar con los naturales del país, o para formar establecimientos. Todo debía poder hacerse con la limitación de los artículos siguientes:

El artículo cuarto establecía que las actividades marítimas inglesas no debían servir "de pretexto a un comercio ilícito con los establecimientos españoles y con esta mira se ha estipulado además expresamente que los súbditos británicos no navegarán ni pescarán en los dichos mares a distancia de diez leguas marítimas de ninguna parte de las costas ya ocupadas por los españoles".

El artículo quinto se refería a la libertad de poder comerciar con la parte noroeste de América del Norte, al norte de la zona ya ocupada por los españoles, en donde ninguna de las dos potencias marítimas tuviese establecimientos, la otra podía comerciar sin obstáculos.

El artículo sexto disponía que en las costas "tanto orientales" como occidentales de la América Meridional y a las islas adyacentes, que los súbditos respectivos no formaran en lo venidero ningún establecimiento en la parte de estas costas situadas al sur de las partes de las mismas costas y de las islas adyacentes ya ocupadas por España. Pero los súbditos respectivos conservarían la facultad de desembarcar en las costas e islas así situadas, para los objetos de su pesca y de levantar cabañas y otras obras temporales que sirvan solamente a estos objetos".

El artículo séptimo mencionaba que en caso de violarse alguna de las cláusulas mencionadas, los oficiales de una y otra parte, sin llegar a las vías de hecho, debían hacer una relación exacta del suceso y elevarla a sus cortes respectivas.

Los ingleses habían logrado todo lo apetecido; comerciar con el Pacífico, navegar los mares del sur, pescar o cazar a más de diez leguas de las costas ya ocupadas por España. Unicamente al menos se evitaba la creación de destacamentos ingleses en zonas deshabitadas en nuestro sur, aunque se podían hacer instalaciones temporarias para caza de anfibios y cetáceos.

La mención del artículo 6° y la del 7° de no formar establecimientos en los mares de América Meridional, en las costas orientales y occidentales y de las islas adyacentes ya ocupadas, reconoce la soberanía sobre Carmen de Patagones, San José, Deseado y Puerto Soledad de Malvinas.

Este tratado o convenio de Nootka Sound, si bien resultó desventajoso para España, es un reconocimiento inglés a la soberanía española sobre las Malvinas. España hacía ya 16 años que ocupaba sola esas islas, después del abandono inglés de las mismas en 1774.

Es cierto que no podía saberse cuanto tiempo respetaría Inglaterra esa convención con su política agresiva, pero era un instrumento legal que invalida los supuestos derechos ingleses aducidos posteriormente.

El Teniente de Navío Juan José de Elizalde fue gobernador de las islas Malvinas desde mediados de 1790 a mayo de 1791.

Desde el 19 de noviembre se había constituido en Madrid la Real Compañía Marítima de Pesca que se establece en Deseado en 1790 y en Maldonado y en la isla Gorriti hacia 1791.

La producción no fue satisfactoria por falta de medios y exceso de burocracia, pero la presencia de la Real Compañía y sus naves significó de algún modo una presencia más de la soberanía española en nuestros mares del sur. Como vemos podía extender o se pensó hacerlo, su acción a las Malvinas. De allí el apoyo ordenado a los gobernadores de las islas.

A Elizalde le sucedió el Teniente de Navío D. Pedro Pablo Sanguinetto, quien se desempeñó como gobernador de las islas durante tres períodos.

En el inventario de las baterías y edificios, Sanguinetto informaba: 1) que la batería "San Carlos tenía 2 cañones de "a 6" y 4 de "a 3" y 4 explanadas vacías; 2) La "Santiago" tiene 4 cañones de "a 24" en buen servicio; 3) La "San Felipe" con 2 cañones de "a 8" y una explanada vacía.

Los edificios eran 38, de ellos 14 de piedra, incluidos el muelle y el puente.

El horno de ladrillos estaba inútil, así como dos o tres casas de "tepes" en mal estado y varias necesitaban reparaciones.

El ganado sufrió ese año un gran incremento, quizás producto de un mejor recuento, pues ascendió a 3.460 cabezas de vacunos.

La presencia de loberos y balleneros extranjeros, especialmente ingleses y también americanos, era la principal preocupación de los gobernadores de Malvinas. Sanguinetto en un informe a D. Antonio Valdés, de fecha 1° de agosto de 1792, le informa que desde el 7 de setiembre hasta esa fecha habían entrado a Puerto Soledad, una chalupa americana, una fragata y una goleta inglesa y aunque no podían hacerlo se justificaban con la necesidad de reparar averías.

Entretanto el relevo de Sanguinetto, el Teniente de Navío D. Juan José de Elizalde debía cumplir una comisión de reconocimiento a nuestro sur antes de retomar la gobernación de Malvinas. Debía efectuar un relevamiento de la costa oriental de la Tierra del Fuego, que era prácticamente desconocida salvo las cartas de la expedición de los hermanos Nodal y explorar la zona para ubicar el presunto establecimiento inglés de "Nueva Irlanda" en Magallanes, Tierra del Fuego o isla de los Estados.

La corbeta "San Pío" y el bergantín "Nuestra Señora del Carmen" al mando del experimentado piloto José de la Peña, zarparon el 20 de diciembre de 1791. Llevaron a cabo uno de los reconocimientos más australes en la Tierra del Fuego, llegando a la costa mericional de la isla Grande, avistaron la isla Nueva y no llegaron a descubrir el canal Beagle por casualidad. En ese viaje iba de "oficial aventurero" el Subteniente Cándido de Lasala, de Buenos Aires.

De vuelta hacia Malvinas arribaron a Puerto Soledad el 21 de febrero de 1792 y entonces Elizalde se hizo cargo de la gobernación.

Con la inminencia de una guerra con Francia que se esperaba para 1793, el Gobernador de Malvinas preparó a su Colonia para el combate con un rol para 183 hombres.

Cándido de Lasala era uno de los ayudantes de Elizalde en el mando de la batería "San Carlos". Con la jerarquía de Capitán de Fragata, Sanguinetto retomó el gobierno de las islas en 1793 y lo haría nuevamente en 1795.

Las islas era, además de gobernación, comandancia naval.

En cuanto al subteniente Cándido de Lasala, ya había insistido en mayo de 1792 en que quería pasar al servicio de la Real Armada. La intervención del Virrey y de su comandante, Juan José de Elizalde quien señaló su "genial inclinación por la Marina", logran el milagro del pase de cuerpo, con fecha 31 de Julio de 1792, de manera que regresó como Alférez de Fragata en la corbeta "San Pío".

Lasala era de noble ascendencia francesa y dos de sus hermanos ya se habían incorporado a la Real Armada. La nobleza por las cuatro ramas de abuelos, era condición para ser oficial de la Real Armada.

Luego de su regreso fue destinado a mares de Europa, donde pudo servir en naves y tierra y regresó diez años después al Río de la Plata, en la fragata "Astrea" en 1803. Tenía una cita con la gloria y con la muerte, en defensa de su tierra natal.

Los religiosos que habían sido franciscanos y luego mercedarios, fueron reemplazados a partir de 1793 por capellanes seculares, para acompañar a los capellanes de la Armada que lo eran de las naves.

Hubo las expediciones contra los loberos, aunque se los trató con moderación por ser Inglaterra aliada eventual de España contra Francia.

Hacia 1799 se hizo cargo de las islas un nuevo gobernador de Malvinas que, por ser nacido en la Banda Oriental, y el segundo gobernador criollo de las islas, merece una mayor atención.

En efecto, Francisco Xavier de Viana había nacido en Montevideo el 3 de diciembre de 1764 y era hijo de José Joaquín de Viana, Mariscal de Campo y uno de los gobernadores de Montevideo. Su madre fue doña Francisca de Alzaibar. Ambos progenitores eran españoles.

El 10 de diciembre de 1778 Viana ingresó como Guardiamarina de la Real Compañía de Cartagena. Cumplió diversos embarques y participó de varias acciones de guerra en los ataques a Gibraltar.

Un hecho que demuestra la capacidad del joven alférez es que a mediados de 1786 el ya distinguido Capitán de Fragata D. Alejandro Malaspina lo elige para tripular la fragata a su mando, la "Astrea" con la cual dio la vuelta al mundo, al servicio de la Real Compañía de Filipinas. Al terminar este viaje Viana fue ascendido a Alférez de Navío.

El viaje de la "Astrea" fue el precursor de la gran expedición científica de Malaspina, con las corbetas "Descubierta" y "Atrevida".

Durante tan largo viaje Francisco Xavier de Viana realizó con sus compañeros una labor magnífica. En el Río de la Plata, por ejemplo, levantaron una carta en 55 días y alternaron con oficiales del Apostadero entre los que se encontraba el capitán de fragata Santiago de Liniers.

Viana, mientras que sus compañeros levantaban la carta, quedó a cargo de la corbeta "Descubierta", alistándola para continuar el viaje y mereciendo la aprobación de Malaspina por su actividad.

En la expedición y merced a los conceptos favorables de Malaspina, fue ascendido dos veces; en 1789 a teniente de fragata y en 1793 a teniente de navío. Prueba del espíritu de sacrificio de este Oficial, es que teniendo que intervenir en un juicio de herencia en Montevideo, no solicitó su desembarco, sino que éste fuera suspendido hasta su regreso.

Cumpliendo otros destinos y un levantamiento cartográfico sobre las costas brasileñas, el joven marino rioplatense fue destinado a las Malvinas con la corbeta a su mando, la "Descubierta", la misma de la expedición Malaspina. La "Atrevida" también se alternó en los viajes y permanencia en Malvinas.

La vieja capilla de "Tepes" en estado cada vez más ruinoso seguía prestando sus precarios servicios, mientras seguía adelantando con lentitud la construcción de la nueva, que como sabemos había empezado el teniente Aldana en 1794.

También iban en la "Descubierta" el cirujano D. Andrés Acuña, el segundo piloto D. Francisco Más y Canella y en último lugar de la Plana Mayor el guardiamarina D. José Pereyra.

La dotación se completaba con 11 oficiales de mar, 28 hombres de tropa de infantería de marina y 6 artilleros; 22 artilleros de mar, 18 marineros y 30 grumetes y 1 paje, lo que hacía un gran total de 127 personas.

En algunas de las gobernaciones damos estas cifras detalladas por considerar que dan una idea clara de la población de la colonia.

La vida se desarrollaba sin mayores alicientes que las tareas, la caza en la época del buen tiempo y la concurrencia a misa. De vez en cuando había alguna representación improvisada de comedias u obras teatrales de fondo moral o religioso. Las guardias y ejercicios de artillería tenían entretenida a la tropa mientras los marinos reparaban los velámenes, jarcias y cascos de sus naves, cuando no navegaban entre las islas.

El ganado en 1798 había descendido a 1567 cabezas, lo que indicaba una gran mortandad y que se empezaban a utilizar intensamente en el consumo y alimentación de la isla.

Francisco Xavier de Viana arribó a las islas en mayo de 1800 para hacerse cargo de la segunda gobernación.

Las casas y edificios de Malvinas estaban en estado ruinoso y había otras deficiencias que informó.

También Viana pasó un estado de la bahía y edificios de Puerto Soledad con fecha 28 de febrero de 1801.

La batería llamada de "San Marcos" (Antes "San Carlos"), tenía sus cañones en la de "Santiago", donde se habían colocado todos los cañones de la plaza. No tenía foso y el terraplén estaba en buen estado. La batería "San Felipe" estaba sin cañones con sus explanadas inútiles.

En cuanto a los edificios, eran 26, de ellos 12 de piedra y el resto de "tepes". La iglesia vieja estaba totalmente inútil pero se habían reparado sus paredes y compuesto sus techos quedando siempre en mal estado. El resto estaba en buen estado, lo que demuestra la actividad de este gobernador que consigue tener todos sus edificios en buenas condiciones.

Relevado Viana, pues su salud estaba quebrantada, al llegar a Montevideo solicitó su pase al Ejército. Fue nombrado sargento mayor y desempeñó varios cargos; se destacó en la defensa de Montevideo durante la invasión inglesa de 1807.

En 1811 Francisco Xavier de Viana y Alzaibar se plegó a la revolución de Mayo, donde se destacó, siendo nombrado en 1813 Gobernador Intendente de Córdoba y en 1814 el Director Posadas lo nombró Secretario de Guerra y Marina, ascendiendo a brigadier general.

Durante el Directorio de Alvear, Viana siguió al frente de la Secretaría de Guerra y Marina, pero con la caída de aquél cayó Viana en desgracia siendo puesto en prisión, de la cual se lo liberó para que atendiera su salud. Pasó a Montevideo y en esa ciudad falleció en 1820.

El gobernador de Malvinas capitán de fragata Bernardo Bonavía cubrió el cargo en tres oportunidades, de 1802 a 1803; de 1804 a 1805 y de 1806 a 1808. En este último y debido a las invasiones inglesas, no fue abastecido y pasó muchas miserias.

Bonavía se plegó a la Revolución de Mayo y prestó valiosos servicios a la revolución. Era un hombre de edad pues había nacido en Castilla hacia 1745, de manera que en la última gobernación cumplió 63 años.

Gerardo Bordas y Pablo Guillén son los últimos gobernadores de Malvinas. El primero era piloto mercante y después del cargo fue ascendido a alférez de fragata de la Real Armada.

El segundo piloto de la Real Armada Pablo Guillén, llegó a las islas el 8 de enero de 1810 y con Bordas, gobernador saliente, juró a Fernando VII con las ceremonias acostumbradas.

Producida la Revolución de Mayo, una junta celebrada en Montevideo, resolvió reagrupar sus fuerzas y evacuar la lejana población de Malvinas. Para ello se envió al bergantín "Gálvez", al mando del piloto Manuel Moreno.

Pablo Guillén dio cumplimiento a sus órdenes para evacuar los 46 hombres de la dotación, embarcar cañones, armas, papeles de archivo, etc.

También y como cosa muy importante, se construyó una placa de plomo que se colocó en el campanario de la Real Capilla de Malvinas, con la inscripción siguiente:
"Esta isla con sus Puertos, Edificios, Dependencias y quanto contiene "pertenece a la Soberanía del Sr. D. Fernando VII Rey de España y sus "Indias, Soledad de Malvinas 7 de febrero de 1811 siendo gobernador "Pablo Guillén".

Se colocó la misma leyenda en las puertas de la treintena de edificios. De todo se levantó un acta firmada por el Gobernador Guillén, Manuel Moreno y el Vicario de las islas Juan Canosa, con fecha 13 de febrero de 1811 en la Colonia de la Soledad de Malvinas.

Ese día, o el siguiente, zarparon las naves y abandonaron Malvinas con el propósito de volver.

Esta herencia pasó a pertenecer a la Argentina.

Desde 1767 a 1811, las islas Malvinas fueron españolas, con autorida des que gobernaron en forma continua. En la última fecha se las evacuó, pero sin renunciar a ellas. Como vemos, nunca las islas fueron inglesas.

En esa dura misión histórica de posesión de las Malvinas por los españoles, con sus 20 ininterrumpidos gobernadores, los cuales cumplieron 32 períodos de gobierno; en ese mantenimiento del presidio, colonia y puerto, durante 43 años por España se basan nuestros derechos soberanos a las islas.

CAPITULO VI

La Argentina en sus Islas Malvinas (1811 - 1833)

Nuestro país heredó de España sus derechos sobre todo el territorio patrio, del cual formaban parte las islas Malvinas.

Desde 1811 a 1820 las islas permanecieron sin ser ocupadas; luego, el 6 de noviembre de 1820, se izó el pabellón nacional y hasta 1824 se sucedieron tres comandantes militares argentinos, mientras el gobierno daba concesiones a Angel Pacheco y en 1829 nombró a Vernet como primer gobernador Político y Militar de las Malvinas.

Después de recibir un ataque de la fragata estadounidense "Lexington", se volvió a nombrar otro gobernador, el mayor Mestivier, quien fue asesinado por sus hombres.

Quedó entonces a cargo de las islas el teniente coronel de Marina D. José María Pinedo con la goleta "Sarandí". Finalmente sobrevino el ataque inglés que terminó con la ocupación de nuestras islas, el 3 de enero de 1833.

Esta síntesis de los acontecimientos muestran que mientras fuimos herederos u ocupantes efectivos de las islas, ejercimos nuestra soberanía sin claudicaciones y sólo abandonamos las islas por el uso de la fuerza.

Cuando los españoles evacuaron Malvinas, dejando a salvo los derechos de Fernando VII, los argentinos ya habían iniciado el camino de la Independencia.

Un incidente administrativo puso muy pronto a la Junta de Mayo, en conocimiento de un problema a resolver de las islas Malvinas, porque su jurisdicción les correspondía.

En efecto, el Doctor Ernesto J. Fitte, ha descubierto la existencia de un trámite administrativo, iniciada por Don Gerardo Bordas, al regreso de su gobernación en Malvinas, pidiendo le pagasen los sueldos y las gratificaciones que correspondían a sus funciones, equiparadas a las de un buque de guerra en navegación.

El Jefe del Apostadero de Montevideo, no tenía la orden del Virrey que justificaba la petición de Bordas, en cuanto a las gratificaciones de un comandante de Nave de Guerra y lo pasó al Virrey Cisneros con fecha 9 de marzo de 1810, para que el funcionario resolviera sobre si los funcionarios del Real Ministerio de Hacienda debían pagar o no lo requerido. El Virrey Cisneros contestó el 20 de marzo pero la respuesta se dilató en trámites burocráticos, por lo que Zalazar, desde Montevideo, volvió a repetir sus demandas el 20 de mayo, pero el tratamiento del pedido debió resolverlo la nueva Junta de Gobierno, presidida por D. Cornelio Saavedra.

Bahía Francesa, según Pellion - 1820 (vista del campamento de L'Uranie en la Bahía Francesa de las Malvinas).

Así se hizo y con la firma del Presidente de la Junta Revolucionaria y de su secretario Juan José Paso, se contestó:
"En orden del 13 de diciembre dije a Vs. Merced lo que sigue: con esta fecha paso al señor Comandante de Marina de este Apostadero el oficio que sigue: Habiendo notado que después de haberse resuelto en Junta Superior de Real Hacienda, que para los gastos y pagamentos se considere en adelante el establecimiento de Malvinas como un buque navegando y todos los empleados de destino como dependientes del mismo buque . . . que en adelante se satisfagan por el Ministro de Marina de este Apostadero todos los sueldos, gratificaciones y jornales y demás gastos que ocurran en dicho establecimiento o pertenezcan a él, sea de la clase que fueran . . ." y seguía manifestando que lo informaba a los funcionarios correspondientes de la Real Hacienta y Teniente General del Ejército y finalmente ordenaba que copia de esa resolución se pasara "Al señor Comandante de Marina".

Terminaba así "Dios guarde a V. Merced muchos años. Buenos Aires 30 de Mayo de 1810. Cornelio Saavedra, Juan José Paso. Secretario. A los señores Ministros Generales de la Real Hacienda.

De esta forma el primer gobierno argentino continuaba en el uso de la soberanía sobre las islas.

La guerra de la Independencia y los problemas derivados de luchas interiores impidieron hacer efectiva la ocupación de las islas, que permanecieron sin autoridades hasta fines de 1820.

Durante ese prolongado período de tiempo los únicos visitantes fueron loberos y balleneros ingleses y norteamericanos, que visitaban las costas para cazar lobos de dos pelos, hacer aguada o matar ganado vacuno que crecía libre en las islas.

Durante la dominación española el ganado vacuno llegó hasta contar con 5.000 cabezas, pero luego decreció y en 1804 solamente quedaban 235 vacunos, aunque había 739 yeguarizos. De modo que algunas decenas de vacunos y yeguarizos fueron abandonados por los españoles en Malvinas y desde entonces el ganado proliferó en libertad, aunque sufría el desgaste que le producían los loberos.

Desde mayo de 1810, muy graves problemas aquejaban a nuestros gobiernos: La guerra de la Independencia, la búsqueda del rumbo político y de la forma de gobierno, los encuentros entre Buenos Aires y el interior. Era una lucha por la supervivencia y recién cuando las campañas sanmartinianas alejaron algo el intento de recuperación hispánica, cuando la revolución de Riego anuló la última y grande expedición a América, es cuando se pudo mirar el territorio con su integridad y pensar en Malvinas.

No es que los usos hubieran mejorado totalmente, pues alejado el peligro español la anarquía disolvía el país y justamente el año 1820 con sus desastres militares, políticos y morales harían morir desesperado a

Fragata Heroína en Puerto Soledad afirmando el Pabellón. Islas Malvinas 6 de Noviembre de 1820.

Belgrano. Justamente el prócer desde « "Correo de Comercio" había sido el primero en llamar la atención de ¹ Malvinas, describiéndolas.

El izamiento del pabellón nacional, en slas Malvinas, fue realizado por la Fragata "Heroína" al mando del coron ɨl David Jewett y representó un acto de voluntad soberana sobre las islas que fue aceptado en su momento por las naciones del mundo, pues no hubo actos de protesta, ni reclamaciones.

David Jewett nació en North Parish, New London, Connecticut, el 17 de junio de 1772. Estudió leyes, ingresó a la Marina de Guerra estadounidense y comandó un velero llamado Trumbull, con el que hizo presas. En 1801 por una reforma militar, quedó fuera de la Armada; pero en 1812 en la guerra de su país con Inglaterra, participó en la acción corsaria.

David Jewett se ofreció a las autoridades argentinas, para luchar por la independencia del país y realizó meritorias campañas corsarias.

En 1820 fue nombrado Comandante de la Fragata Corsaria "Heroína" y con ella partió en una desventurada campaña corsaria, signada por el motín y el escorbuto. Finalmente el Comandante corsario puso proa a las Malvinas para izar allí el pabellón, según órdenes recibidas del gobierno. Para entonces la "Heroína" fue considerada, "buque de estado", es decir navío regular y no corsario.

A fines de octubre con grandes bajas debido al escorbuto, la Fragata entró a la Bahía Anunciación de la isla Soledad y fondeó frente a las ruinas de la ex-capital expañola.

Cincuenta cazadores de lobos marinos se hallaban con sus naves en los alrededores.

El 6 de noviembre de 1820, el coronel de Marina David Jewett, comandante de la fragata "Heroína", izó el pabellón celeste y blanco en las ruinas de Puerto Soledad (ex-Puerto Luis).

La ocupación de las islas Malvinas se hizo con toda seriedad y precedida de una comunicación que Jewett remitió a loberos y pescadores ingleses y norteamericanos, que usufructuaban de las islas en forma indiscriminada. Dicha comunicación decía:

"Fragata del Estado Heroína, en Puerto Soledad, noviembre 2 de 1820. Señor, tengo el honor de informarle que he llegado a este puerto comisionado por el Supremo Gobierno de las Provincias Unidas de Sud América para tomar posesión de las islas en nombre del país a que éstas pertenecen por la Ley Natural. Al desempeñar esta misión deseo proceder con la mayor corrección y cortesía para con todas naciones amigas; uno de los objetos de mi cometido es evitar la destrucción de las fuentes de recursos necesarios para los buques de paso, que, en recalada forzosa, arriban a las islas, y hacer de modo que puedan aprovisionarse con los mínimos gastos y molestias, dado que los propósitos de Usted no están en pugna y en competencia con estas instituciones y en la creencia de que una entrevista personal resultará de provecho para ambos, invito a usted

David Jewett. Coronel de Marina de las Provincias Unidas de Sud América y Comandante de la Fragata "Heroína".

a visitarme a bordo de mi barco, donde me será grato brindarle acomodo mientras le plazca; he de agradecerle — a si mismo — que tenga a bien, en lo que esté a su alcance, hacer extensiva mi invitación a cualquier otro súbdito británico que se hallare en estas inmediaciones; tengo el honor de suscribirme señor, su más atento y seguro servidor". Firmaba Jewett, Coronel de la Marina de las Provincias Unidas de Sudamérica y comandante de la fragata "Heroína". (Esto de Sudamérica no nos debe extrañar, porque fue propósito lograr la libertad de toda Sudamérica).

Cuando Jewett fue relevado Guillermo Mason tomó el mando de la Heroía y aunque por pocos días mandó también en las islas y fue el segundo comandante Militar de las mismas.

Aunque el pabellón argentino había sido izado en las islas, al partir la Heroína, la falta de autoridades permitió la impugne acción depredadora de ingleses, norteamericanos y algún lobero criollo.

La toma de posesión de Jewett fue conocida en el exterior y la noticia fue publicada en el "Redactor" de Cádiz, en el mes de agosto de 1821, de informes que había obtenido en Gibraltar. También la "Gaceta de Salem" informó del hecho a mediados de 1821. De modo que todo el mundo ya sea por estos periódicos o por la información de los loberos que presenciaron la ceremonia, estaba enterado de la toma de posesión.

Ni entonces ni en varios años después Inglaterra protestó o dejó a salvo sus supuestos derechos.

Nuevas medidas del gobierno, en ejercicio de la soberanía sobre las islas, se llevaron prestamente a cabo. Entran entonces en nuestra historia dos importantes personajes: Jorge Pacheco y Luis Vernet.

Don Jorge Pacheco nació en Buenos Aires el 25 de abril de 1761 y a los veinte años de edad se inició en la carrera militar con el grado de alférez del Cuerpo de Caballería de Blandengues de Buenos Aires. Los blandengues cuidaban las fronteras con los indios y Pacheco sufrió las vicisitudes de estos cuerpos sacrificados, siempre pocos y mal armados que protegían la civilización de los malones.

El 8 de enero de 1799, ya Don Jorge Pacheco era capitán de blandengues de Montevideo y allí realizó tres campañan contra los indios charrúas. En 1810 apoyó con todo entusiasmo a la revolución de Mayo y fue capitán de milicias.

Don Luis Vernet, nacido en Hamburgo el 6 de marzo de 1791, pero de ascendencia francesa, fue enviado por su padre a Estados Unidos a los 14 años, entró a prestar servicios comerciales en una casa alemana, donde se distinguió por su natural inteligencia y capacidad para el comercio.

Después de viajar por Europa, vino a Buenos Aires en 1817, donde empezó sus actividades comerciales, aunque con éxito variable, dedicándose entonces a comisionista, para lo que aprovechaba sus relaciones europeas.

El 17 de agosto de 1819 Luis Vernet contrajo enlace en Buenos Aires con doña María Sáez, nacida en la Banda Oriental e hija del Coronel Francisco Sáez y Doña Josefa Pérez, ambos también orientales. La ceremonia se realizó con el rito católico, apostólico romano, pues está registrado en el archivo de la Iglesia de la Merced.

Después de que la "Heroína" dejó las islas Malvinas, el gobierno en años sucesivos siguió ejerciendo su soberanía.

En 1823 se concedió a Jorge Pacheco con fecha 23 de agosto, una concesión para aprovechar el ganado vacuno y los lobos marinos de la isla Soledad.

Pacheco tenía como socio a Don Luis Vernet.

En 1824 fracasó un intento de colonización hecho por Pacheco y Vernet y de enero a abril de ese año el gobierno nombró su tercer Comandante Militar, que fue Pablo Areguati, capitán de milicias entrerrianas, el cual había sido alcalde de Mandisoví por disposición de Belgrano en 1811.

Vernet se ocupó personalmente de colonizar las islas y con su temperamento enérgico, llevó caballos y lanares y rehabilitó algunos edificios en ruinas de Puerto Soledad.

El 5 de enero de 1828 por decretos firmados por Dorrego y Balcarce, el gobierno perfeccionó las concesiones de Pacheco y otorgó el resto de la Isla Soledad y la de los Estados a Vernet, reservándose 10 leguas en ambas.

Vernet realizó una acción colonizadora de primer orden y al mismo tiempo realizaba una tarea científica para el conocimiento de las islas.

Los estudios e informes de Vernet incluían noticias sobre los indígenas, posibles lugares de colonización y producciones, etc. Era el pionero que se interesaba en la explotación de la Patagonia, especialmente isla de los Estados. Lamentablemente los gobiernos y los argentinos se hallaban muy ocupados en guerras civiles, donde se destruían mutuamente.

El gobierno argentino, representado por el de Buenos Aires que se encargaba de los asuntos patagónicos y de las islas, como lo habían hecho antes de la independencia, no podía ser ajeno a la acción colonizadora de Vernet, que al mismo tiempo que activaba zonas comerciales nunca utilizadas, confirmaba la soberanía argentina en esos territorios. En consecuencia resolvió perfeccionar los títulos de Vernet sobre las islas, nombrándolo Primer Comandante Político y Militar. Ya sabemos que de hecho Jewett y Mason habían sido Comandantes Militares de las islas. Vernet era el cuarto funcionario argentino que se designaría en las islas Malvinas, pero con un título más completo que reunía las atribuciones civiles y militares.

El 10 de junio de 1829 se expidió el siguiente histórico decreto:

"Cuando por la gloriosa revolución del 25 de mayo de 1810 se separaron "estas provincias de la dominación de la Metrópoli, la España tenía una "posesión material en las islas Malvinas, y de todas las demás que rodean "al Cabo de Hornos, incluso la que se conoce bajo la denominación de "Tierra del Fuego, hallándose justificada aquella posesión por el derecho

"del primer ocupante, por el consentimiento de las principales potencias
"marítimas de Europa y por la adyacencia de estas islas al Continente
"que formaba el Virreynato de Buenos Aires, de cuyo Gobierno depen-
"dían. Por esta razón, habiendo entrado el Gobierno de la República en
"la sucesión de todos los derechos que tenía sobre estas Provincias la an-
"tigua metrópoli, y de que gozaban sus vireyes, ha seguido ejerciendo ac-
"tos de dominio en dichas islas, sus puertos y costas a pesar de que las
"circunstancias no han permitido ahora dar a aquella parte del territorio
"de la República, la atención y cuidados que su importancia exige, pero
"siendo necesario no demorar por más tiempo las medidas que pueden
"poner a cubierto los derechos de la República, haciéndole al mismo
"tiempo gozar de las ventajas que pueden dar los productos de aquellas
"islas, y asegurando la protección debida a su población; el Gobierno ha
"acordado y decreta: "Artículo 1°: Las islas Malvinas y las adyacentes al
"Cabo de Hornos en el Mar Atlántico, serán regidas por un Comandante
"Político y Militar, nombrado inmediatamente por el Gobierno de la
"República.
"Artículo 2°.— La residencia del Comandante Político y Militar será en
"la isla de la Soledad, y en ella se establecerá una batería, bajo el pabe-
"llón de la República.
"Artículo 3°.— El Comandante Político y Militar hará observar por la po-
"blación de dichas islas las Leyes de la República, y cuidará en sus costas
"de la ejecución de los reglamentos sobre pesca de anfibios.
"Artículo 4°.— Comuníquese y publíquese.
              Firmado: Martín Rodríguez. Salvador M. del Carril.
    La exposición de motivos de este decreto no puede ser más clara, con-
cisa y ajustada a la verdad histórica. La República Argentina no tenía ninguna duda de sus derechos soberanos, no sólo sobre las islas Malvinas,
sino sobre las adyacentes al Cabo de Hornos, es decir de los Estados, Nueva, Picton, Lennox y demás archipiélagos vecinos al sombrío cabo austral.
    En el mismo día el Gobierno nombró a don Luis Vernet para el puesto
de Primer Comandante Político y Militar de las islas en los siguientes términos:
"El Gobierno de Buenos Aires
"Habiendo resuelto por decreto de esta fecha que las islas Malvinas adya-
"centes al Cabo de Hornos en el mar Atlántico sean regidas por un co-
"mandante político y militar y teniendo en consideración las calidades
"que reúne Don Luis Vernet, ha tenido a bien nombrarlo, como por el
"presente lo nombro, para el expresado cargo de Comandante Político y
"Militar de las islas Malvinas, delegando en su persona toda la autoridad y
"jurisdicción necesaria al efecto. Firmado: Martín Rodríguez. Salvador
"M. del Carril.
Sello.
    También se le otorgó a Vernet un diploma sellado y firmado. Vernet

Luis Vernet. Primer Gobernador Político y Militar de las Islas Malvinas. 1829 - 1832.

había insistido ante el Gobierno en la construcción de un fuerte en las islas solicitando se le proveyeran cañones para fortificarlo. También consideraba necesaria la presencia de un buque de guerra "que cruce por aquellos mares para hacer respetar la Ley de Protección de pesca" y era conveniente se le proveyera un buque chico con un cañón, para poder cobrar los derechos de pesca, llevar madera del Estrecho de Magallanes y comunicarse con el río Negro y Buenos Aires en forma permanente. Seguía con otras peticiones mostrándose contrario a la instalación de un presidio, porque ahuyentaría a posibles colonos y compañías colonizadoras.

El Gobierno ordenó entregarle cuatro cañones de "a 8" con sus municiones, 50 fusiles también con munición y correajes, 20 quintales de hierro, un fuelle y otros instrumentos de herrería para instalar la herrería en la isla Soledad.

¿Entre tanto Inglaterra qué actitud adoptaba, ante estas disposiciones que tan claramente proclamaban la soberanía de la Argentina?

Desde que Jewett enarboló nuestro pabellón en las islas, el 6 de noviembre de 1820, guardó silencio. Lo siguió guardando en 1825 cuando se firmó el Tratado de "Amistad, Comercio y Navegación" entre ambas naciones, pero el 19 de noviembre de 1829 el representante inglés Woodbine Parish protestó ante nuestro gobierno por el Decreto de Creación de la Comandancia Político Militar de Malvinas.

El 8 de agosto de 1829 el Foreign Office había enviado una nota a Parish en la que le explicaba que los actos de posesión del Gobierno de Buenos Aires afectaban la validez de los derechos de soberanía inglesa sobre las islas, los cuales resultaban de importancia creciente como punto de apoyo para el comercio, donde se abastecían los buques y lugar de carenado de las naves de guerra inglesas en el "Hemisferio Occidental". No se le informaba si el Gobierno Inglés tomaría las islas y si esto era apropiado, siendo una "Cuestión delicada" y ligada a importantes cuestiones. Al tenerse conocimiento del Decreto del 10 de junio de 1829, del Gobierno Argentino, se le ordenó a Parish reclamar formalmente por las "pretendidas avanzadas" de nuestro Gobierno.

Como dice ajustadamente José Arce, Inglaterra olvidaba:

1) Que se había desentendido de las islas desde 1774 (cincuenta y cinco años antes).
2) Sabía que España ocupaba Puerto Soledad en la Malvina Oriental, desde la evacuación de Bougainville (1767).
3) Había aceptado la declaración del Príncipe Masserano, Embajador de España en 1771, reconociendo la soberanía (creemos mejor dejando salvo) "la soberanía de esta última Nación sobre las islas Malvinas".
4) Había desalojado Puerto Egmont en 1774.
5) Sabía que el Gobierno de Buenos Aires había sucedido a España en el dominio de las islas a contar de 1810, año en que estalló la revolución emancipadora.

6) Conocía la declaración de Independencia de las Provincias Unidas del Plata (1816).

7) Había reconocido su independencia y firmado con las referidas provincias un tratado de amistad y comercio (febrero de 1825).

8) No ignoraba que desde 1820 tres comandantes militares y un gobernador representaban en las Malvinas al Gobierno de Buenos Aires.

Nosotros agregamos que en 1749 había reconocido la soberanía Española que luego no respetó en 1765/66 y que en 1790 por el Tratado de Nootka Sound, había reconocido todas las posesiones españolas, incluídas las Malvinas.

La posición Inglesa era totalmente débil desde los puntos de vista político y legal, pero enormemente fuerte desde el punto de vista militar y naval.

No bien nombrado, el flamante Comandante se trasladó a la Colonia con 15 ingleses y 23 alemanes, incluidos esposas y niños; además de personal de servicio, negros y blancos, gauchos e indios.

El 15 de julio llegó a Malvinas la esposa de Vernet, María Sáez con sus hijos Emilio, Luisa y Sofía. Una cuarta niña nació el 5 de febrero de 1830 y se le puso el nombre de Malvina. Todo ello habla de su clara posición de funcionario argentino y de su respeto por la tierra que lo había acogido en su seno.

Volvamos ahora al flamante Comandante Político y Militar de las islas Malvinas y veremos cómo desempeñó su misión con energía, progreso y éxito.

La isla se convirtió en una especie de factoría cuya capital fue Puerto Soledad, llamada Puerto Luis por Vernet.

Las producciones eran ganaderas con aprovechamiento del ganado vacuno que vagaba semi-salvaje por la isla. Para esas tareas se desempeñaban los gauchos. Las otras actividades se referían a la pesca y caza de lobos marinos y focas, no sólo en Malvinas, sino también en la isla de los Estados, que con las demás islas formaban parte de la gobernación.

La población de Puerto Luis no era fija, pues si parte de la misma se había afincado en el lugar, había pescadores, cazadores, científicos y comerciantes que vivían por temporadas o cortos espacios de tiempo.

La población fija pasaba del centenar y A. Gómez Langenheim cita a más de 120 personas, incluídas esposas, mujeres solteras y niños. Había algunas más cuando arribaban naves loberas o comerciales y exploradoras científicas y la población sumaba entonces dos y hasta tres centenares de personas. Recordemos que algunas naves estaban a las órdenes o contratadas por Vernet. Las mismas pescaban, cazaban o iban a la isla de los Estados por madera.

En los diarios que se conservan de períodos de la Comandancia de Vernet, del mismo Comandante y de su esposa María Sáez de Vernet y de las instrucciones y memorias de Vernet y documentos, puede inferirse la activa vida de los colonos destinados a las tareas de crear y reparar viviendas y barracas de abastecimiento de víveres y de pieles de lobo, elementos de labranza, ganadería y las actividades de pesca, caza de lobos, salazón de pescados, reparación de embarcaciones, etc. También se construían y reparaban corrales y galpones.

Los productos de las islas producidos por Vernet no sólo iban a Buenos Aires donde se vendían bien y consistían en cueros vacunos, carne salada, grasa, cueros de lobos marinos y hasta cueros de conejo.

Otros productos que se vendían bien eran maderas y pescado en salmuera.

Indica lo expuesto el espíritu progresista de Vernet y como adelantaba su población, que era una colonia laboriosa.

De los diarios fragmentarios que se conocen del propio Vernet y de su joven esposa doña María Sáez, transcribimos sólo algunos párrafos tomados de la obra de Langenheim, que ya hemos mencionado. Escribió Vernet:

"Domingo 25 de Mayo de 1828 — Buen tiempo con algunos chubascos de granizo y viento S.O."

"Al salir el sol tiramos tres cañonazos y a la noche otros tres. Después de "almorzar carne con cuero y tortas que se habían hecho a propósito, tira-"mos al blanco hasta entrar el sol, cuando la gente hicieron baile en el "rancho del Tonelero, el cual duró hasta el día".

"Miércoles 9 de Julio. Nublado y lluvioso con viento del S.E. moderado. "Nuestra gente celebró la jura de la Independencia de Buenos Aires".

Del diario escrito en 1829 por Doña María Sáez de Vernet, transcribimos:

"Domingo 2 de agosto.

"Nublado y gariado todo el día, los Capitanes comieron con nosotros, a "la tarde prepararon los negros sus tamboriles y las negras se vistieron "con su mejor ropa adornándose con los abalorios que los traje de B. "Ayres, su baile es mui feo no se puede oir mucho tiempo los alaridos "que dan todo el tiempo que dura el baile".

"Domingo 30 de agosto. Jui buen día de Santa Rosa de Lima, y por lo "que determinó Vernet tomar hoi poseción de la isla en nombre del Go-"bierno de Buenos Ayres, a las doce se reunieron los habitantes, se enar-"boló la Bandera Nacional a cuyo tiempo se tiraron veintiún cañonazos, "repitiéndose sin cesar el : ¡Viva la Patria! puse a cada uno en el sombre-"ro con cinta de dos colores que distinguen nuestra Bandera, se dió a re-"conocer el Comandante".

Estos fragmentos no pintan exactamente todo lo que se hacía en las islas, pero da una idea de autoridad, progreso y de inteligencia en la acción del culto comandante.

Es conveniente que transcribamos las opiniones del Capitán Fitz Roy, huésped de Vernet: "Su casa es larga y baja de un solo piso y paredes

Islas Malvinas. Vista de Puerto Luis con las dos casas principales reconstruidas por Luis Vernet sobre las ruinas Españolas de Puerto Soledad. 1829.

"muy gruesas de piedra. Encontré allí una buena Biblioteca de obras es-
"pañolas, alemanas e inglesas. Durante la comida se sostuvo animada con-
"versación en que tomaban parte Mr. Vernet, su esposa, Mr. Brisbane y
"otros; por la noche hubo música y baile. En la habitación había un gran
"piano; la señora de Vernet, una bonaerense, nos dejó oir su excelente
"voz que sonaba un poco extraño en las Falklands, donde solo esperába-
mos encontrar algunos loberos".

La colonia se desenvolvía feliz y progresista, los colonos algo preocu-
pados al principio, se habían acomodado y acostumbrado a esta vida ruda
y tranquila. Todo se desarrollaba normalmente para el país y el gobernador, cuando la intervención extranjera desató la ruina y la desolación.

El control de la depredación y la destrucción de la riqueza lobera fue
la causa que desató los acontecimientos de fines de 1831.

El Comandante de Malvinas recibía continuos informes sobre las acciones depredadoras de los loberos y había solicitado al Gobierno un buque
de guerra, aunque fuera chico y estuviera armado de un solo cañón. Era
casi imposible detener a las docenas de loberos que pululaban entre las islas, en los puertos y caletas del laberinto malvinero. No obstante Vernet
resolvió tomar medidas en defensa de sus derechos de exclusividad en la
pesca, derechos que se confundían con los de la Nación que se los había
delegado.

No podían alegar desconocimiento los loberos, pues Vernet les hacía
llegar, no bien se arrimaban a las islas, una circular donde les informaba
. . . "a todos los Capitanes de los buques ocupados en la pesquería en
"cualquier parte de la costa perteneciente a su jurisdicción les ha de indu-
"cir a desistir, pues la resistencia los expondrá a ser presa legal de cual-
"quier buque de guerra perteneciente a la República de Buenos Ayres; o
"de cualquier otro buque que en concepto de infrascripto se preste para
"armar, haciendo uso de su autoridad para ejecutar las leyes de la Repú-
"blica". "El suscripto también previene contra la práctica de matar gana-
"do en la isla del Este . . . etc, etc".

Entregada esta circular a toda nave arribada a Malvinas y habiendo
comprobado que tres de ellas, avisadas en diversas oportunidades, a las
cuales además de la circular se les había prevenido que se las detendría,
Vernet resolvió actuar. Las tres naves loberas pertenecían a la bandera de
los Estados Unidos y frecuentaban las islas desde hacía varios meses.

Finalmente Vernet detuvo a las tres naves que eran la "Harriet", Capitán Gilberto Davidson; la "Brukwater", Capitán Daniel Careu y la "Superior" al mando de Esteban Congar.

Luego Vernet embarcó con su familia y se dirigió a Buenos Aires para
defender su proceder.

Jorge W. Slacum, Cónsul de los Estados Unidos, el cual había sido Encargado de Negocios y había sustituido al señor Juan M. Forbes, recientemente fallecido, no era el diplomático más adecuado para llevar a cabo la

negociación. Por el contrario, era un "individuo carente en absoluto de experiencia diplomática y tan falto de tacto como de buen juicio". Tomo esto último del historiador norteamericano Julius Goebel (h).

El 21 de noviembre de 1831 Slacum reclamó al Gobierno sobre el apresamiento de la "Harriet", en base a las declaraciones de su Capitán Davison. El Ministro de Relaciones Exteriores de Buenos Aires, Tomás Manuel de Anchorena, le contestó que el asunto estaba a consideración del Ministerio de Guerra y Marina. En nota posterior el funcionario norteamericano negaba el derecho de Vernet de apresar a los loberos y pescadores de su país en aguas, costas y archipiélagos adyacentes al Cabo de Hornos. Para agravar la situación el Capitán de Fragata Silas Duncan, Comandante de la corbeta de guerra "Lexington" se puso en comunicación con Slacum y resolvió "proteger" los intereses de los súbditos norteamericanos en estos negocios.

Anchorena contestó las nuevas comunicaciones de Slacum y no le reconoce, en su calidad de cónsul, capacidad ni poderes para tratar el asunto que correspondía a ambos gobiernos.

El 9 de diciembre de 1831 la "Lexington" zarpaba para su misión a Malvinas, mientras Anchorena en nota a Slacum le informaba que trataba con un gobierno que se hacía respetar, que el asunto era de particulares y protestaría y haría valer sus derechos si el Comandante de la "Lexington" agraviaba o cometía perjuicios en las Malvinas. Por otra parte, como cónsul, le informaba que no lo capacitaban para resolver en el caso presente.

En estos momentos Slacum tomó contacto con Woodine Parish y Mer Fox, representante y Cónsul británico de las reclamaciones inglesas en las Malvinas.

El 27 de diciembre de 1831, a media noche, entraba a la Bahía Anunciación y al día siguiente aparecía anclada frente a Puerto Luis. Pero la nave de guerra de los Estados Unidos no lo hizo con su pabellón, sino con el francés. ¡Utilizaba así una treta propia de corsarios o filibusteros en tiempo de guerra!

Desde tierra se le contestó con el pabellón argentino y a continuación la poderosa nave norteamericana empezó su "hazañosa tarea". Apresaron la goleta "Aguila", a Brisbane y Mescalf, seleccionados de entre los habitantes de Puerto Luis. Ya entonces con bandera norteamericana procedieron a desembarcar, ocupan los edificios, clavan los cañones, queman la pólvora y se apoderan de todo lo que el Capitán Davidson considera era suyo.

Los hombres de Davidson destruyeron barracas, rompieron puertas, tomaron prisioneros a 25 pobladores a los cuales, luego de interrogarlos, los liberan excepto seis que consideraron más importantes.

El 21 de enero de 1832 dejando en ruinas y semidespoblada lo que había sido una floreciente colonia argentina, la "Lexington" dejó las islas

Malvinas y ponía proa a Montevideo. A su bordo, con una ración alimentaria muy exigua, iban prisioneros Mateo Brisbane y seis colonos; otros viajaban en mejores condiciones como pasajeros. Se había cometido un atropello inaudito que seguramente se cuenta entre las páginas más oscuras del brillante historial naval de los Estados Unidos.

El historiador Julius Goebel (h) consiguió revisar el libro de bitácora de la "Lexington", donde Silas Duncan no transcribió nada de lo sucedido en Puerto Luis. Seguramente temía futuras complicaciones y sabía que no había realizado precisamente una hazaña.

En los primeros días de febrero llegó la "Lexington" a Montevideo y el 8 de febrero el Gobierno Argentino tomaba conocimiento del ultraje recibido. La indignación fue unánime y la "Gaceta Mercantil" calificaba el atentado de "infracción al derecho de gentes" y de "ultraje al pabellón argentino".

Nuestro Gobierno suspendió toda relación con Slacum, por considerarlo el principal causante del atropello.

Desde entonces la Argentina protestó enérgicamente ante Estados Unidos y urgió reparaciones; pero hasta ahora no ha tenido ninguna satisfacción a sus demandas.

Tenían derecho de pesca y caza en las Malvinas y en nuestra costa sur, los loberos ingleses y americanos? En el hemisferio norte había precedentes de zonas pesqueras históricas, autorizadas a naciones que desde muy antiguo lo hacían en las costas americanas o europeas, aún en las muy cercanas a la de los países que habían otorgado los permisos o aceptado situaciones que llevaban a veces más de un siglo; pero en el caso de Malvinas y nuestras costas, ya hemos visto que ni en la época hispánica ni en la independiente se permitía la pesca o caza en aguas adyacentes o en la costa de Malvinas o nuestro litoral hasta el Cabo de Hornos. La pesca se hacía ilegalmente por no alcanzar los medios de controlarla. En consecuencia la actitud norteamericana era intempestiva, fuera del derecho internacional y contra el derecho de gentes.

El "Redactor", diario de Nueva York, se alzó para defender la posición argentina y proclamó que la acción de la "Lexington" era una infracción al derecho de gentes.

Vernet, como veremos, no fue repuesto en su cargo ni nunca pudo volver a las islas. Alguna declaración suya dictada por el despecho y por el desorden en que vivía la Argentina, le hicieron proferir alguna manifestación improcedente, pero no puede negarse su capacidad.

Su colonización, sus claros procedimientos mientras fue gobernador y las acciones posteriores, cuando la República se consolidó después de Caseros. En años posteriores protegió sus intereses, dio informes sobre las Malvinas, pero luego realizó una acción civilizadora y progresista en la zona de San Isidro. Su socio Jorge Pacheco había muerto en 1832 y él falleció en 1871. Fue un hombre inteligente, capaz, de gran energía y empresa y el país le debe un intento magnífico de colonizar en Malvinas y en el desarrollo patagónico austral. Lástima que le tocara actuar en gran parte en el peor período de nuestra historia, el de nuestras guerras civiles.

El Gobierno envió un nuevo gobernador, el mayor Esteban Francisco Mestivier, con 25 soldados y un ayudante muy joven llamado José Antonio Gomila; los envía a bordo de la antigua capitana del Almirante Brown, la goleta "Sarandí", hasta entonces uno de los buques más heroicos que habíamos tenido en nuestra guerra con el Brasil.

La "Sarandí" llegó con el nuevo Gobernador y lo desembarcó y 9 días después, el 24 de noviembre de 1832, zarpó para hacer una inspección por las islas, e incluso para llegar a Tierra del Fuego y volver. Durante ese período se produce el asesinato del mayor Mestivier en circunstancias realmente dramáticas.

Pinedo al regresar a Malvinas encuentra un estado de insubordinación, e inició las actuaciones sumarias.

El 2 de enero de 1833, apareció fondeada en Puerto Soledad la corbeta inglesa "Clío", Capitán J. J. Onslow.

Como correspondía, Pinedo mandó a uno de sus oficiales en visita de cortesía a la nave inglesa y a cambio recibió una intimación para arriar el pabellón argentino y desocupar las islas, no había estado de guerra.

Pinedo, en un primer momento, reaccionó como correspondía. La situación que enfrentaba era difícil; su buque era muy inferior desde el punto de vista bélico, al inglés, aunque podía hacer una defensa honrosa por algún tiempo, pero tenía otros inconvenientes. La gente que tenía a su bordo era en su mayoría inglesa y solamente unos pocos eran criollos. El segundo de a bordo, el teniente Elliot, era estadounidense. Consultó a todos; los ingleses manifestaron que cumplirían con su deber; el práctico que se desempeñaría como tal, pero no combatiría. Los cinco grumetes, muchachos entre 15 y 20 años de edad, dijeron que combatirían y la tripulación, que era de unos 80 hombres, manifestó que seguirían las órdenes que se le dieran.

Empezó entonces Pinedo a ejecutar su plan, que era correcto. Llamó a Gomila, que estaba preso, lo libertó, le dio armas para los 18 soldados que estaban en la guarnición de tierra y se dispuso a cumplir sus instrucciones. Antes de salir de Buenos Aires le habían entregado el código de honor naval, el cual en su artículo 9° recomendaba que en caso que el pabellón nuestro fuera afectado por una potencia extranjera con ocupaciones o ataques, debería defenderlo hasta las últimas consecuencias; estas instrucciones inician su posterior sumario. Pero a medida que pasaba el tiempo, la fe de Pinedo fue decayendo.

A las 9 de la mañana del 3 de enero de 1833 los ingleses desembarcaron, primero izaron en un mástil que traían la bandera inglesa luego arriaron la nuestra, la plegaron pulcramente y se la enviaron a Pinedo para que se la llevase. El 5 de enero Pinedo, con unos cuantos habitantes a bordo, abandonó las islas y puso proa a Buenos Aires.

Cuando la "Sarandí" llegó a Buenos Aires, el Almirante Brown estaba en la Colonia y se presentó inmediatamente ante el gobierno por si fuesen necesarios sus servicios. Mientras se efectuaba la protesta diplomática, se levantó un sumario para aclarar los hechos; en el mismo se trató todos los acontecimientos sucedidos: el problema de la guarnición, el asesinato, etc.

El sargento Sáenz Valiente, el asesino de Mestivier, fue fusilado en la Plaza Mayor previa amputación de la mano derecha. Junto con él fueron fusilados 6 cabecillas que habían participado del asesinato. En cuanto a Pinedo, se le aplicaron 4 meses de suspensión de empleo, castigo muy leve, y fue separado de la Marina y destinado al Ejército. (Esto tiene su aclaración, y es la siguiente: con el grado que tenía Pinedo, que era un grado de Jefe, en el Ejército no iba a poder tener mando independiente, mientras que en Marina podía comandar una nave y ya había demostrado que era incapaz de enfrentar una situación riesgosa.

A partir de entonces comenzaron las reclamaciones argentinas, hechas en primer término por Manuel Moreno. Se le contestó que los ingleses nunca habían renunciado a su soberanía a las islas Malvinas.

Cuando Pinedo se retiró con su nave, antes de zarpar, nombró a Juan Simón, capataz de Vernet, Comandante Político y Militar de las islas.

La autoridad real quedó en manos del capitán J. J. Onslow, de la Marina Real Británica y el nombramiento de Simón no pasó de ser nominal.

La "Clío" sin embargo no quedó mucho tiempo en las islas y el 14 de enero de 1833 zarpó, sin esperar al "Tyne", nave menor que llegó el 16 y saludó al pabellón británico. El capitán J. J. Onslow antes de partir nombró al escocés y hombre de Vernet, Guillermo Dickson. Este tenía por obligación izar el pabellón inglés los días domingo, o cuando apareciera alguna nave en la isla.

La "Tyne" también zarpó unos pocos días después y la isla quedó prácticamente sin autoridad.

El representante argentino, "Comandante Político y Militar", era Juan Simón, francés, capataz de los gauchos y hombre fiel a Vernet.

Durante el año 1833, las Malvinas estuvieron la mayor parte del tiempo sin gobierno efectivo. Si nuestros compatriotas no hubieran estado en lucha política y permanente guerra civil, quizás algo podría haberse hecho para recuperarlas.

No habiendo autoridades inglesas en las islas Malvinas, se produjeron los hechos del 26 de agosto de 1833.

Dos gauchos y cinco indios charrúas mandados por Antonio Rivero, que trabajaban el ganado en el campo, llegaron a Puerto Soledad y porque Juan Simón, les había negado el cambio de dinero metálico, en lugar de los vales que cobraban, realizaron un asesinato a mansalva de los hombres de Vernet a saber: el capataz Juan Simón, encargado permanente del gobierno argentino, Brisbane, hombre de confianza de Vernet, un alemán, un español y un escocés Dickson. Este último había sido encargado de izar el pabellón inglés los domingos y al avistar buques ingleses.

Cometidos esos asesinatos, el terror reinó en Puerto Soledad y el resto de los habitantes criollos, loberos argentinos, ingleses, etc, huyó a un islote cercano para refugiarse. Desde allí solicitó auxilio y entonces llegó una nave inglesa que desembarcó al teniente de la Marina Henry Smith, un suboficial y seis soldados de infantería de marina. Estos persiguieron a Rivero y sus hombres, que a su vez habían dado muerte ya a unos de los suyos, el gaucho Brasido.

Los hombres de Rivero, siete en total contando el cabecilla, se rindieron de a uno y el último fue el mismo Rivero.

Rivero y cinco de sus compañeros fueron llevados a Inglaterra, pero allí, se consideró que el juicio de los gauchos no era conveniente, o quizás los jueces se consideraron incompetentes. Rivero y sus compañeros fueron traídos a Montevideo y dejados libres.

Esta es toda la historia que prueban 42 documentos publicados por la Academia Nacional de la Historia, únicos hasta ahora.

Inglaterra reconoció nuestra independencia en 1825 y firmó un tratado de amistad, navegación y comercio; estaba en paz y obtenía pingües ganancias comerciales con nuestra nación. Aún así atacó a un país amigo y le usurpó sus Malvinas, aprovechando su delicada situación política interna.

Toda la población argentina, gobierno y gobernadores provinciales, se indignaron con tan repudiable usurpación y el 17 de julio de 1833, el representante argentino en Londres presentó una memoria protestando con todos los antecedentes. Se le contestó que las Falkland eran inglesas, insistió el 29 de diciembre de 1833 que se nos devolvieran las islas, sin resultado. En 1841 volvió a insistir y al ser rechazado otra vez, expresó que: "Jamás Buenos Aires se conformaría con la injusta resolución inglesa". La reclamación quedó trunca.

El país se reorganizó en 1880 y cuatro años después el Instituto Geográfico Argentino proyectó un mapa donde figuraban las Malvinas Inglaterra protestó y el Ministro Francisco J. Ortiz le aclaró que el archipiélago pertenecía a la Argentina no a Inglaterra.

La reclamación siguió vigente, inclaudicable. No se negoció, ni se reconoció a la soberanía argentina sobre las islas.

CAPITULO VII

Casi siglo y medio de usurpación británica

La primera autoridad inglesa en la isla fue el teniente de la Real Armada Henry Smith. Era una autoridad militar en una dudosa dependencia inglesa que no alcanzaba a la categoría de colonia.

Desde entonces la historia de las Malvinas se desarrolló con leyes, estilo de vida y costumbres bajo pabellón británico.

Hemos dividido esta época en tres períodos pasados en acontecimientos políticos, económicos, legales o de progreso de las Malvinas, aún cuando consideremos que los límites de cada período son poco precisos y discutibles.

El primer período corres de 1833 a 1866. Durante el mismo, se "legaliza" la usurpación a partir de 1842. Ese mismo año se produce el comienzo del traslado de Puerto Luis a Puerto Stanley y la economía de la isla está constituída principalmente por ganado vacuno salvaje que, al final del período, comienza a declinar para dar paso al ganado lanar. Se continúa la caza de lobos marinos clandestina o legal.

El segundo período abarca de 1866 a 1908, en que la colonia se consolida y bajo el dominio de la Falkland Islands Company la riqueza lanar, con sus vellones se constituye en la monoexplotación de las islas, creciendo en forma impresionante. Este período termina con un aumento de la importancia de Malvinas, cabecera de la "dependencia" de las cuales se apoderó Inglaterra en 1908.

El tercer período abarca desde 1908 hasta nuestros días.

En 1911 y por la industria ballenera las islas alcanzan su máxima población.

La intervención de la población malvinense en dos grandes conflictos mundiales, es meritoria y constituye un orgullo para los isleños.

Finalmente la nueva fase de las negociaciones y el estado actual de las islas, con sus últimos sucesos y progresos, hasta el dos de Abril de 1982.

Primer período - El dominio inglés se consolida - 1833-1866

El teniente Henry Smith desembarcado como hemos visto para poner orden y apresar a Rivero y sus hombres, cumplido su cometido se dedicó a reorganizar la colonia cuyo estado era desastroso.

Los colonos fijos eran apenas unos cuarenta, contándose los pocos gauchos que quedaron y las tres valerosas mujeres que tantas vicisitudes habían sufrido, desde los días en que la colonia era floreciente, y argentina.

El hijo del teniente Smith sucedió a Brisbane en la administración de los bienes de Vernet, el cual reclamaba a la corona británica por sus bienes y tierras particulares. Pidió se le pagaran 3300 libras por el ganado consumido y 14.296 por el resto de los bienes, entre los que se incluían casas, caballos, pieles de lobo, ganado domado, etc. El teniente Smith quiso encargarse de los bienes, pero la corona se lo negó, mientras estudiaba el reconocimiento de los bienes o el pago de los mismos.

Finalmente no pagó nada. Vernet siguió reclamando varios años y finalmente, veinte años después, empobrecido e impotente debió resignarse.

El teniente Smith en tanto se dedicaba a reparar casas y corrales, trataba de cuidar para la corona el ganado salvaje y registraba las temperaturas desde Puerto Luis. Finalmente a su pedido renunció en el verano de 1838 siendo nombrado en su reemplazo el teniente Robert Locway, también de la Real Armada. Este Oficial llegó desde el Río de la Plata con ovejas, gallinas y semillas en el "ARROW", mandado por el teniente B. J. Sullivan, oficial encargado de la ardua tarea de hacer un relevamiento científico básico de las islas. Era un oficial experimentado pues había formado parte de la plana mayor de la "BEAGLE".

Según Sullivan Puerto Luis era por entonces muy pequeño, pues constaba de dos pequeñas casas, una de las cuales hacía las veces de gobernación y tres o cuatro chozas. Los colonos eran 45, de los cuales 25 hombres, 10 mujeres y 10 niños.

Entre las mujeres haciendo las veces de doctora-comadrona, figuraba Antonina Kinney, sin dudas la Antonina Roxas, ya mencionada, en los acontecimientos de Rivero.

Otra fuente nos informa que bajo el Gobierno del teniente Robert Locway, en Puerto Luis, había 6 matrimonios ingleses, dos gauchos, uno de los cuales era Manuel Coronel y varios marinos. En total 21 hombres, 6 mujeres casadas, una soltera, 13 niños, lo que hace un total de 41 habitantes. Como había gente de tránsito, las cifras aproximadamente coinciden.

El próximo superintendente o Comandante militar de las islas fue el teniente, también naval John Tissen que gobernó desde 1839 a 1841.

Desde 1834 se había formado una compañía para colonizar las islas, trabajando con empeño en ellas G. T. Whitington, el cual había obtenido concesión de 6.400 acres de las tierras de Vernet. Lo ayudaba William Langdon, marino y ovejero. En 1840 y en dos naves llegaron por las gestiones de Whitington, 18 colonos, los cuales significaron un buen refuerzo para la población.

Inglaterra había dejado transcurrir ocho años desde que ocupó las Malvinas por la fuerza, sabía que sus derechos eran muy dudosos, en realidad no existían, pero ya en 1841 pensó en regularizar la situación ilegal y poco ortodoxa, de este dominio mal habido.

Era Secretario de "Colonias y Emigración" (Colonial Commissioner Land and Emigrations) Lord John Rusell, quien el 23 de agosto de 1841 remitió al primer Teniente-Gobernador de las Malvinas, el siguiente oficio que transcribimos parcialmente: "Downing Street sin sanción del Parla-"mento, Su Majestad no puede, en el ejercicio de su prerrogativa, proveer "ningún substituto ni para la Legislatura ni para los Tribunales de Justi-"cia; consecuentemente, la colonia deberá por algún tiempo permanecer "sin Legislatura ni Tribunales de Justicia. Pero Ud. arbritrará, inmediata-"mente después de su llegada, los medios para administrar el derecho y la "justicia dentro de la Colonia. Ud. informará a los habitantes de las islas "Falkland, por una proclama, que el derecho de Inglaterra está en vigor "dentro de las islas; Ud. lo asegurará donde quiera se encuentre en las is-"las alguna persona hábil para desempeñar las funciones de los juecés o "magistrados".

El oficio seguía destacando la importancia estratégica de las islas para el tráfico mercantil marítimo y para lograr más seguridad en el comercio británico.

Dudas y vacilaciones que sólo el tiempo y la experiencia podían despejar.

El nuevo "Teniente Gobernador", primero de esta singular colonia, fue Richard Clement Moody de 28 años de edad. También recibió el 2 de abril de 1845 el Cargo con el sello de la Corona y el mando militar de Comandante en Jefe de las Islas. La fecha de los nombramientos es del 23 de junio de 1843.

Durante su gobierno y habiéndose determinado en los relevamientos del teniente Sullivan con la nave "ARROW" que Puerto Williams (para nosotros Puerto Groussac) un puerto situado al sud de Puerto Luis, reunía mejores condiciones naturales que Bahía Anunciación, recibió la orden de estudiar el traslado y poco después ante su desgano en cumplir, la orden precisa de ejecutarla y cuanto antes. Este traslado a la nueva capital es uno de los acontecimientos más importantes del gobierno de Moody.

Puerto Soledad, luego Puerto Luis, la antigua capital española y argentina pasaría a ser un recuerdo, aunque muy caro para nosotros.

Antes de hacer el obligado traslado, Moody quiso cambiarle el nombre a Puerto Luis y llamarlo Puerto Anson, pero su idea no prosperó ni siquiera en la toponimia inglesa.

Puerto Stanley, nueva capital inglesa de las islas recibió el nombre por Eduardo G. Smith Stanley, lord inglés, Ministro de Colonias.

El traslado de la capital se efectuó en 1843 y el gobernador dispuso venta de tierras, mientras crecía el ganado vacuno.

En 1845 el comerciante británico llamado Samuel Fisher Lafone, resi-

Tte. Coronel de Marina D. Luis Piedra Buena. 1833 - 1883. Pionero de Patriarcas de la Patagonia Austral que visitó las Malvinas desde 1850.

dente en Montevideo, solicitó tierras en las Malvinas, en la isla Soledad y se le concedieron 200 leguas al sur del istmo de Choiseul Sound.

La principal fuente de riqueza de la isla era el ganado vacuno y le seguía en importancia la caza de lobos marinos que era llevada a cabo por loberos de distintas nacionalidades, especialmente ingleses y americanos.

Hacia 1838 se había calculado la existencia de ganado en 30.000 vacunos y en 1846 se había duplicado y al año siguiente los vacunos sumaban 80.000 de los cuales solamente 400 estaban amansados y el resto permanecía en estado salvaje.

En 1851 Lafone, que tenía grandes extensiones y explotaba la cría de vacunos, prefirió vender sus derechos a una Compañía de Londres, a cambio de un buen número de acciones. Desde entonces empezó a dominar económicamente las islas "The Falkland Islands Company".

En 1853 se produjo un conflicto entre el Gobernador George Rennie y los loberos norteamericanos que cazaban en las islas. Se confirmó la autoridad del gobernador inglés aunque el control de los loberos fue siempre difícil.

Por entonces visitaba las islas un lobero americano, el "Consul Smiley", en cuyas naves había un joven oficial argentino, Luis Piedra Buena.

El progreso de la colonia era lento y en 1863 había 592 habitantes.

En la isla Keppel, se instaló una Sociedad Misionera de la Iglesia Anglicana. Allí vivían indios traídos desde Tierra del Fuego.

En Puerto Stanley había anglicanos, presbiterianos y católicos.

También se comenzó a introducir ganado lanar que creció rápidamente y a partir de 1866 desplazó al ganado vacuno. En 1865 había 26.605 lanares.

2° Período (1867 - 1908). Caracterizado por el auge de la lana y su monopolio

En 1869 visitó las islas Augusto Lasserre, uno de nuestros más distinguidos jefes navales. Había nacido en Buenos Aires en 1826, siendo su padre francés. Ingresado a la Armada de Rosas, combatió luego de Caseros en la de la Confederación. Participó en las dos acciones libradas cerca de Martín García en 1853 y 1859 y en esta última fue herido y ascendido a Teniente Coronel.

Cuando se disolvieron los poderes nacionales, Lasserre pidió el retiro y llegó a Stanley como comisionado de la Asociación de seguros de la Marina Italiana, para investigar un siniestro naval.

Lasserre había visitado las Malvinas en 1857 con el velero "Daniel" y con el mismo regresaría otra vez, después del viaje que relatamos.

En su permanencia de 1869 más prolongada pudo conocer mejor las islas y las describió, así como sus impresiones, en una larga carta a su amigo José Hernández el autor de Martín Fierro, quien le había solicitado que lo hiciera.

Lasserre relató que Stanley tenía una población de 500 a 600 habitantes y que su bahía era inmejorable, describiendo luego al puerto y la navegación para tomarlo, así como el faro Pembrocke.

Dijo que había conocido a Puerto Luis y describió un matrimonio que vivía allí, de un indio pampa con una inglesa.

Se refiere a las autoridades de la isla, la guarnición y una batería de tres cañones de "a seis" que dominaba el puerto.   •

"El comercio de las islas Malvinas se reduce como exportación a aceite de pájaro (pinguin oil), cueros de vaca, de león marino y de lobo, lanas mestizas y merinas de superior calidad".

Describe la geografía de las islas y la riqueza en turba existente.

Luego el viajero vuelve a Stanley que "se compone solamente de dos calles paralelas al puerto" y describe las casas, los depósitos de turba, los invernaderos detrás de las galerías de vidrio, etc. Considera luego que el gobierno no se ocupa en las obras del pueblo y en especial del puerto, porque quizás se considere con inquietud que deberá devolverse a la Argentina.

Y sigue Augusto Lasserre "A pesar de ser tan poco numerosa la población, existen en el pueblo dos muy fuertes casas de negocios, la de la Compañía de Malvinas (Falkland Islands Company) y la del señor Jorge Dean".

Informa que durante su corta permanencia ha visto entrar a Puerto Stanley 10 ó 12 buques de gran porte que tenían graves averías, los cuales han sido reparados por artesanos locales.

Describe luego las matanzas de pingüinos para extraerles aceite, e informa que la grasa de once pájaros da un galón de aceite y que una compañía de 14 hombres y un capataz regresaron con 20.000 a 30.000 galones de aceite en un mes y medio de trabajo.

La caza de leones y lobos marinos es descripta luego en detalle y cómo la caza de pingüinos, leones y elefantes marinos la realizan principalmente la Falkland Islands Company y la Compañía de J. Dean.

Más adelante expresa: "Muy pocos argentinos han permanecido en Malvinas después de la injusta ocupación inglesa. Los que aún existen allí no pasan de veinte, todos ellos empleados como peones o capataces en las estancias para cuyo trabajo sobresalen de muchos extranjeros".

Con las narraciones que le envió Lasserre, José Hernández publicó en el periódico "Río de la Plata" el 19 y 20 de noviembre un artículo y una adición de errores. El diario le pertenecía.

El artículo presentó a Lasserre y a su carta que transcribió, pero el 26 de noviembre, en el número 92 de "El Río de la Plata" publica un más extenso artículo, titulado islas Malvinas Cuestiones Graves, donde hace muy importantes reflexiones como éstas: "Los argentinos, especialmente, no han podido olvidar que se trata de una parte muy importante del territorio nacional, usurpada a merced de circunstancias desfavorables, en una época indecisa, en que la nacionalidad luchaba aún con los escollos opuestos a su definitiva organización".

"Se concibe y se explica fácilmente ese sentimiento profundo y celoso de los pueblos por la integridad de su territorio, y que la usurpación de un solo palmo de tierra inquiete su existencia futura, como si se nos arrebatara un pedazo de nuestra carne".

"La usurpación no sólo es el quebrantamiento de un derecho civil y político; es también la conculcación de una ley natural".

"Los pueblos necesitan del territorio con que han nacido a la vida política, como se necesita del aire para la libre expansión de nuestros pulmones. Absorberle un pedazo de su territorio, es arrebatarle un derecho, y esa injusticia envuelve un doble atentado, porque no sólo es el despojo de una propiedad, sino que es también la amenaza de una nueva usurpación".

Luego relata hechos históricos y dice: "Entre tanto, deber es muy sagrado de la Nación Argentina, velar por la honra de su nombre, por la integridad de su territorio y por los intereses de los argentinos. Sus derechos no se prescriben jamás".

Palabras que fueron escritas para ayer y tienen vigencia hoy y siempre, por el autor de nuestra mejor epopeya gaucha.

Augusto Lasserre se reincorporó posteriormente a nuestra Armada, alcanzó el grado de Comodoro y comandó la primera expedición de la División del Atlántico Sur que en 1884 levantó el faro de San Juan de Salvamento, isla de los Estados y luego fundó Ushuaia.

En febrero de 1870 llegó como Teniente Gobernador de las Islas el Coronel A. K. D'Arcy.

Ese mismo mes visitó las islas el Príncipe de Edimburgo, primer miembro de la familia real que llegaba a las islas.

También naufragaron dos naves en Stanley.

Los tripulantes de las naves hundidas fueron llevados a Tierra del Fuego en un velero.

En 1871 había 800 habitantes en las islas de los cuales 400 eran anglicanos, 250 presbiterianos y 150 católicos.

La fuerza de Infantería de Marina construyó un camino macadanizado en Stanley.

En 1873 los habitantes de Stanley eran aproximadamente 1000 y 215 practicaban la religión católica, la mayoría eran anglicanos y había hombres adeptos a la religión presbiteriana escocesa, cuyo número llegaba a un tercio de la población.

En 1833 visitó las islas el teniente de navío de nuestra Armada Carlos Moyano quien entonces viajó a las islas para regresar con ovejas finas a Santa Cruz, territorio del cual era gobernador.

Piedra Buena había sido el primero que llevó ovejas de Malvinas a Santa Cruz y como era amigo y maestro de Moyano, es posible que éste por su consejo haya realizado el viaje.

También pretendía Moyano llevar algunos colonos de las islas, para poblar su desierto territorio.

En Stanley adonde llegó Moyano con el velero "Piedra Buena", conoció a Ethel Thurner niña malvinera de 18 años.

Algunas versiones dicen que la conoció en un viaje de 1884 y le propuso matrimonio, siendo aceptado.

A raíz de la visita de Moyano varios colonos ingleses de Malvinas resolvieron ausentarse a la Gobernación de Santa Cruz, en Río Gallegos, Coig y San Julián.

Es probable que esos ganaderos llegaran al territorio en el transporte de la Armada Argentina "Villarino", que el 12 de septiembre de 1886 arribó a Santa Cruz, proveniente de Stanley.

En él viajaba el Gobernador y su futura esposa Ethel Thurner.

Contrajeron matrimonio en Santa Cruz siendo ya capitán de fragata Moyano, el 18 de septiembre de 1886.

Es desde esa fecha que se produce la colonización de puertos santacruceños, en Gallegos y el Gran Bajo de San Julián.

Apellidos como Blake y Munro, se habían asentado allí y en 1878 estaban instalados los recién llegados Matheus, Mac Lean, Fraser, Norma, Paterson, Arnold, Braum, Hope, Scott, Kyle, Jones, etc.

Así con malvineros y criollos se fundó San Julián, se pobló Gallegos y Santa Cruz.

Estos ganaderos prosperaron y fundaron familias argentinas.

Estas acciones de Piedra Buena, que las inició (murió en 1883) y de Moyano que las continuó, fueron los únicos contactos de Argentina con Malvinas en mucho tiempo.

Existía un vardadero aislamiento, motivado por nuestra posición de soberanía sobre las islas. Este aislamiento, con algunas excepciones duró hasta 1972, con el inicio de las conversaciones en las Naciones Unidas.

El último día del año 1901 llegó el "Antarctic"de Otto Nordenskjöld y su expedición sueca. Uno de los oficiales era nuestro joven alférez de Fragata D. José María Sobral, quien en un libro de memorias, volcó su desagrado al ver ocupadas a las islas argentinas por los británicos.

La población de Malvinas alcanzó en 1901 a 2043 habitantes y pocos años después, con la rehabilitación de la pesca de la ballena alcanzó a más de 3000 habitantes.

El número de ganado lanar creció enormemente y en 1898 alcanzó a 807.212 cabezas, el máximo a que se llegó en las islas.

La Falkland Islands Company acaparaba la mayor parte de la producción ganadera. El único ganadero de cierta importancia entre los pocos particulares era, como lo había señalado Lasserre en su informe de 1869, el señor J. M. Dean, el cual tenía una compañía con sus hijos; pero en 1890 no pudieron seguir cumpliendo y fue absorbido también por la Falkland Islands Company, la cual así reunió cerca de la mitad del terreno apto para ganado y tenía la mayor parte de los lanares.

Por otra parte comercializaba toda la lana de los pequeños productores y la transportaba. Era un verdadero y completo monopolio.

Las otras industrias de alguna importancia eran en este período, la ballenera, la de pieles de los lobos marinos y la de aceite de elefantes marinos y pingüinos.

En 1908 se recaudó 23.774 libras y se gastó 20.369.

Las islas eran visitadas por 70 naves en 1866; 47 en 1874; 27 en 1885 y 43 en 1891; pero en este caso ya 17 eran vapores.

Para 1907 los vapores eran mayoría, pues entran 70 de ellos y sólo 16 veleros.

En cuanto a las fuerzas de defensa de las islas de 1866 a 1878 consistían en un destacamento de Infantería de Marina. Luego no hubo ninguna fuerza excepto la pequeña policial y después se estableció un destacamento de Voluntarios que hacia 1900 contaba con un cuerpo de Infantería montada.

En 1886 Stanley tuvo un visitante ilustre en su puerto, el famoso "Great Britain" uno de los contemporáneos del "Great Eastern", el cual fue la primera nave de hierro y vapor que cruzó el Atlántico. Llegó muy averiado, luego de soportar un terrible temporal en el Cabo de Hornos. Cerca de Stanley se quedó varado por muchos años, pero no para siempre, como veremos más adelante.

En el año 1908, se produciría un importante acontecimiento que aumentaría la importancia de las islas, al convertirlas en cabecera de un inmenso imperio marítimo. Claro que entonces no se tuvo en cuenta los derechos que correspondían a nuestro país por historia y geografía.

Traducimos literalmente de la obra de V. F. Boyson, de sus páginas 168 y 169 lo siguiente:

"Este año de 1908 fue marcado por un acontecimiento de suprema "importancia en la historia de las islas. El 21 de Julio un Título de Privi-"legio fue pasado bajo el Gran Sello, designando al Gobernador de Geor-"gias del Sur, las islas Orkneys del Sur, las islas Shetland del Sur, las islas "Sandwich del Sur y la Tierra de Graham y dando disposiciones para ese "gobierno como Dependencia de la Colonia. Este impreciso, inadecuado "Título de Dependencia de las Islas Falkland comprende la tierra entre "las longitudes 20° y 50° O al sur de la latitud 50° S, y entre las longitu-"des 50° O y 80° O al sur de la latitud 58° S. Estos límites incluyen un "sector del área de tierra antártica al Sur y Sudeste del Cabo de Hornos, "numerosas islas del mar del Sur, y también más de un millón de millas "cuadradas de mar, fácilmente accesible para la caza de ballenas, la pesca "y la caza de focas, ascendiendo el área total a alrededor de tres millones

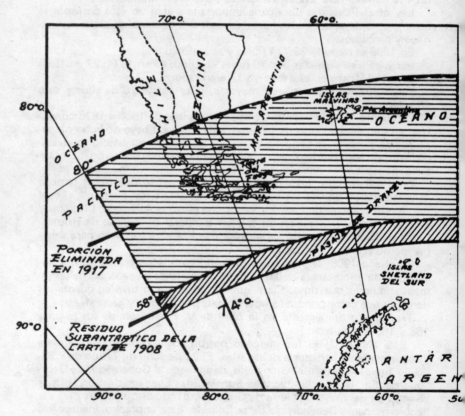

Parte norte del sector que se.adjudicó Gran Bretaña por la Real Carta Patente de Julio de¹1908.

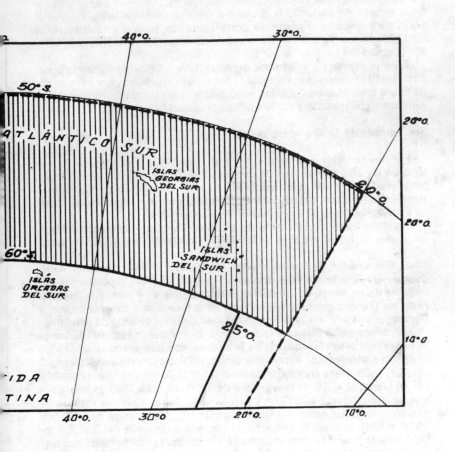

"de millas cuadradas o al uno y medio por ciento de la superficie total "del globo".

Lo más extraordinario es que esta declaración de soberanía sin precedentes era tan amplia y había sido dispuesta tan desaprensivamente que comprendía parte de nuestras gobernaciones de Tierra del Fuego y Santa Cruz y también parte de la provincia chilena de Magallanes. Porque el texto de Boyson es el corregido posteriormente, pues el verdadero texto de 1908, se refería a un área comprendida entre los meridianos 20° O y 80° O al sud del paralelo de 50° S.

Ante la protesta y el estupor de Argentina y Chile, el gobierno británico en 1917 corrigió su texto en la forma que repite Boyson a fin de dejar fuera a las Malvinas, desde ya ocupadas, y las tierras continentales argentinas y chilenas. Otra vez la fuerza impidiendo el derecho.

3er. período de 1908 a nuestros días

Las dos terribles conflagraciones conmovieron la vida aislada y monótona de las islas que servían de productoras laneras a la metrópoli. Inglaterra era la principal compradora de todo lo producido por las islas y también la principal proveedora de sus productos manufacturados. Clásico aprovechamiento de una colonia por su metrópoli.

Haremos luego, breve reseña de las islas Georgias y Sandwich del Sur, así como de las actividades balleneras que dieron vida a Stanley hasta 1916.

El Gobernador de Malvinas continuó siendo William Lamond Allardyce, y las islas tenían una población que ya en 1901 superaba los dos millares de personas, de las cuales la mitad vivía en Puerto Stanley y el resto en Darwin, en los establecimientos y estancias y salvo la capital y Darwin, pocos eran los lugares que pasaban de unas decenas de personas.

Habíamos dicho que con la presencia de los tres "catchers" de Lange se había reactivado la industria de la ballena, con base en las islas, aunque el centro ballenero por excelencia desde 1904 era Grytviken en Georgias del Sur. La primera compañía ballenera fue la Argentina, que se estableció en Georgias el 16 de Noviembre de 1904; pero en 1909 ya había seis que operaban desde allí. Como hemos visto desde 1908 los ingleses incluyen a Georgias entre sus dependencias. En Malvinas se operó desde 1912 a 1916 y luego la industria se trasladó a Georgias del Sur. En ese lapso se cazan en Malvinas y aguas de sus cercanías 769 ballenas que produjeron más de 23.000 barriles de aceite. Las más perseguidas eran las grandes ballenas como la Azul, que podía dar hasta 75 barriles de aceite.

Los lobos de dos pelos habían sido exterminados en Malvinas, Shetland y Georgias del Sur; pero ahora les tocaba el turno a los elefantes marinos. Entre 1910 - 1918 se sacrificaron unos 26.000 elefantes marinos, sólo en Georgias del Sur. Después de esa fecha, las licencias dadas a la

Compañía Argentina de Pesca, la única que se dedicaba en Georgias a esta actividad, le permitían faenar 6.000 elefantes anualmente.

En las islas, el ganado lanar y la Falkland Islands Company seguían siendo mayoritarias; el número de cabezas sobrepasaba las 600.000.

En 1911 y debido a la industria ballenera la isla alcanzó a tener una población de 3.278 habitantes, que fue la máxima de toda su historia. Esa suma sólo pudo alcanzarse por los balleneros, pues había 2.360 varones y sólo 905 mujeres. Diez años después cuando la industria de la ballena se había desplazado a Grytviken, el número de habitantes es de 2.087, los hombres eran 1.182 y las mujeres seguían siendo el mismo número, 905.

En la primera guerra mundial, los malvineros británicos vivieron las vicisitudes de dos grandes batallas navales. La primera la de Coronel donde una división de cruceros alemanes derrotó a una inglesa y luego la derrota de esa misma división alemana al mando del Almirante Graf Spee, por una poderosa fuerza inglesa.

El 8 de diciembre de 1914, donde todos los malvineros cooperaron con la flota inglesa, como vigía o ayudando con las faenas de alistamiento y carboneo, tiene significación de hecho épico y heroico para los isleños que lo celebran como corresponde.

Entre las dos guerras mundiales, las islas continuaron su progreso. La población se detuvo en su crecimiento y bajó lentamente hasta poco más de 2.000 habitantes.

En 1931 tenemos un estado completo de las islas que nos proporciona el Padre Antonio Migone en su libro "33 años de Vida Malvinera".

Las islas tenían 2392 habitantes y Stanley 1213, Darwin y todos los establecimientos de Lafonia 362. La Gran Malvina y otras islas del oeste 420. En otras localidades 346, además de 51 que estaban de paso. Stanley tenía 265 casas.

De esta población los anglicanos eran 1741, los católicos 354 y los presbiterianos 123, los metodistas 74, los de la Iglesia Escocesa 39 y el resto de otras religiones.

Los habitantes eran escoceses e ingleses en enorme mayoría, pues eran 2339, había también 18 chilenos, 16 noruegos, 6 argentinos, 4 dinamarqueses, 3 alemanes, 2 suecos y 2 uruguayos.

El gobierno lo ejercía el gobernador y como esta Colonia no era independiente sino de la corona, ésta lo nombraba cada seis años. El gobierno estaba asesorado por dos consejos, uno era el Consejo Ejecutivo, estaba compuesto de 4 miembros, de los cuales tres eran funcionarios oficiales de la corona y el otro el único oficial civil.

El Consejo Legislativo en cambio, estaba formado por tres miembros oficiales y tres no oficiales. Los miembros no oficiales son generalmente isleños.

El Consejo Ejecutivo lo presidía el Gobernador. Existían dos tribunales, uno Superior estaba presidido por el Gobernador y contaba con un juez y siete personas del pueblo. El otro es la Lowest Court para los hechos menores.

En la segunda guerra mundial llegó a las islas el dañado crucero inglés "Exeter" luego de su combate acompañado por los cruceros "Ajax" y "Aquiles" contra el acorazado "Graf Spee" en diciembre de 1939.

Debido a naves corsarias y submarinos alemanes las islas fueron armadas preventivamente. Un batallón del West York estuvo de guarnición desde 1942 y en 1944 ya en camino de la victoria, sólo un destacamento de Royal Scots (Reales Escoceses) prestó servicios hasta el fin de la guerra.

El Primer Ministro Wiston Churchill dirigió un telegrama felicitando al K.E.M. Hospital de Stanley, lo que constituye un orgullo de los isleños.

En 1944 y más correctamente en 1946, Argentina había declarado su soberanía sobre su plataforma submarina.

La creciente importancia de los yacimientos petrolíferos oceánicos y la comprobación de la riqueza pesquera en nuestros mares, sobre todo en calidad de pesca, hicieron que Inglaterra ampliara su usurpación, declarando soberanía sobre la plataforma que rodeaba a las islas.

El 21 de diciembre de 1950 una Real Orden establecía que los límites de la soberanía de Falkland Islands serían extendidos por la orden real hasta incluir el área de la plataforma submarina siendo el fondo marino y el subsuelo contiguo a las costas de las islas Falkland.

Luego daba los detalles técnicos, de modo que toda la saliente de nuestra plataforma submarina que rodea las islas, con una superficie de 85.000 km. cuadrados quedaba comprendida.

Fue así que una superficie formada de Islas y plataforma submarina de 85.000 km. cuadrados fueron declaradas británicas y sustraídas a nuestra soberanía.

Más del 80 por ciento de los artículos se importaban del Commonwealth Británico y del 17 al 13 por ciento de otros países.

De Inglaterra se importaba por valor de 481.276 libras, de Argentina 21.281 libras, de Chile por 19.324, de Suecia por 36.096 y en menores cantidades de Uruguay, Estados Unidos y Finlandia, así como de zonas del Commonwealth.

Las principales exportaciones fueron:

Lana: 557.736 libras al Reino Unido.
Sebo: 1.877 libras al Reino Unido.
Cueros y pieles: 32.673 libras al Reino Unido.
Lanares en pie: 880 libras (por 880 animales a Chile).

En 1912 las cifras son un poco mayores pero también se exportan 5368 litros de aceite y 1234 lanares a Chile.

En 1953 todas las exportaciones fueron al Reino Unido, lo que demuestra la total dependencia económica de las islas.

En las tierras 40.000 acres pertenecían a la Corona, el resto estaban divididas en estancias de 3.600 a 40.000 acres. De todas estas la mayor parte pertenecen a Falkland Islands Company.

Desde 1964 se produjo un gran acontecimiento que daría nuevo impulso a las islas y haría abrigar grandes esperanzas a los argentinos, que hasta ahora no se han cumplido. Las negociaciones sobre las Malvinas para llegar a la descolonización de las islas entre Gran Bretaña y Argentina trajo la fiscalización de las Naciones Unidas.

Cuando después de la Segunda Guerra Mundial, se crearon las Naciones Unidas, Argentina hizo reserva de sus derechos sobre las Islas.

En 1960 la XV Asamblea General de las Naciones Unidas, establece la necesidad de liberar a los territorios que no son libres.

En 1964, poseyendo el Reino Unido las islas, un subcomité de las Naciones Unidas, el tercero, incluye a nuestras islas entre los territorios a descolonizar y el 18 de septiembre, el subcomité de descolonización acepta nombrar a las islas Falkland y colocar entre paréntesis (Malvinas) a continuación.

Al año siguiente Argentina en cumplimiento de las disposiciones del Subcomité, propone negociar al Reino Unido de Gran Bretaña, pero éste sólo aceptó si se excluía el tema de la soberanía.

El 18 de noviembre de 1965, tras haber escuchado el alegato del Representante Argentino Dr. Bonifacio del Carril, la Asamblea General de la Organización de las Naciones Unidas vota la resolución 2065 (XX) que establece: Invitar a las partes a negociar para encontrar una solución pacífica al problema. Debían tenerse en cuenta las disposiciones comunes y los objetivos de las Naciones Unidas y los intereses de la población de la isla. La resolución tuvo 94 votos a favor y 14 abstenciones.

Siguen reuniones que no llevan a nada. Argentina quiere primero discutir sobre la soberanía, antes que ningún otro tema. Los ingleses conociendo los deseos de los habitantes de las islas de permanecer ingleses, quieren hablar primero de comunicaciones e intercambio entre las islas y Argentina, lo que les conviene y no los compromete.

Inglaterra en tanto pone trabas a la radicación de isleños en la metrópoli, pues la población de Malvinas disminuye lenta y continuamente (Acta de migración) Migration Act.

Aclaremos que todas las conversaciones incluyen también a las dependencias, es decir Georgias y Sandwich del Sur.

Durante estas conversaciones se han producido incursiones de ciudadanos argentinos a las islas.

En septiembre de 1964 el piloto argentino Miguel Fitzgerald volcando en un pequeño avión, aterriza en Malvinas, en el hipódromo de carreras, deja una bandera argentina, una nota de protesta y levanta nuevamente el vuelo.

Esa bandera argentina está en el Museo de las islas en Stanley (Puerto Argentino, hoy).

También en el mes de septiembre un comando desvía un avión de pasajeros en vuelo y obliga al piloto a aterrizar en Malvinas. Allí se rinden a las fuerzas armadas de la isla. En el avión viajaban el Gobernador de Tierra del Fuego, que lo es a la vez del Territorio Antártico y de las islas del Atlántico Sur, entre las que están comprendidas las Malvinas, Georgias y Sandwich del Sur.

La tercera incursión la realiza un avión bimotor del Diario "Crónica", que pilotea nuevamente Miguel Fitzgerald y se produce el 27 de noviembre de 1968. Lo acompañan el Director del diario y un periodista. La cancha de carreras había sido obstruída y el avión tuvo que aterrizar en un camino, sufriendo daños.

En 1969/70 las islas tienen 628.960 lanares, de los que pertenecen 281.075 a la Falkland Islands Company.

Por entonces se realizó la visita del Ministro de Relaciones Exteriores Inglés a Buenos Aires, Miguel Sewart, para negociaciones.

En 1967 las Naciones Unidas votaron la resolución 1514 XV que establece: Toda situación colonial que destruya total o parcialmente la unidad nacional y la integridad territorial de un país es incompatible con los propósitos y los objetivos de la carta". Nos favorecía en nuestra situación y fue usada posteriormente por nuestros representantes.

A fines de 1969, la posición argentina sigue firme, las islas son visitadas por Lord Chaldont que regresa a Londres con dos convencimientos. El primero que Argentina no transigirá en la cuestión soberanía y el otro que los isleños quieren permanecer siendo británicos, miembros de una colonia británica.

El doctor Bonifacio del Carril ha sostenido con razón que en las Malvinas el pueblo no puede autodeterminarse; pues son una factoría que ha sido colonizada y explotada por un monopolio que no deja esperanzas a los isleños.

El Embajador José María Ruda, opuso tres fundamentos a la pretensión de que la cuestión de la soberanía debe estar supeditada a los deseos de la actual población y lo resumo del libro citado de Dago Holmberg (pág. 74):

1) Se trata de intereses de Gobierno a Gobierno y la solución debe provenir de los dos Estados, no de los malvineros.

2) Debe aplicarse el principio de la Unidad nacional y la integridad continental (Punto 6 Resolución 1514 XVI). La Argentina fue mutilada de las Malvinas y siempre protestó.

3) Que si se aplica la tesis británica, los territorios ocupados por la fuerza y poblados por coloniales de la potencia usurpadora, triunfará una po-

sición ilegítima bajo la responsabilidad de las Naciones Unidas.

En virtud del Acuerdo de Comunicación de 1971, la Argentina realizó un duro esfuerzo que se tradujo en las siguientes medidas:

1) La Fuerza Aérea Argentina construyó una pista de aterrizaje, compuesta de planchas de aluminio para las operaciones aéreas. Se inauguró el 15 de noviembre de 1972. L.A.D.E. Líneas Aéreas del Estado realiza dos vuelos semanales con aviones Fokker F 27.

2) El Servicio de Transportes Navales realiza viajes a las islas con uno de sus transportes para la exportación de lanares y lanas y lleva cargas importadas a las islas.

3) Niños malvineros han visitado en grupos a la Argentina.

4) Estudiantes de Malvinas estudian en nuestros colegios.

5) Naves de turismo han visitado las islas.

6) Se han otorgado facilidades y se ha llegado a arreglos postales y su documentación, así como algunas franquicias aduaneras.

7) Se ha establecido en la isla una estación de combustible (nafta y gas líquido).

8) El yate "Fortuna" visitó las islas y del 14 al 16 de mayo de 1970, se realizan regatas con embarcaciones donadas por la Armada.

Con respecto al turismo después de cinco naves argentinas, la sexta que quiso entrar a las islas no lo hizo pues se le exigía arriar el pabellón argentino e izar el inglés. El buque era el "Regina Prima" en fecha 2 de marzo de 1975.

Entretanto, después de la Segunda Guerra Mundial ha adquirido interés el petróleo submarino. La Argentina tiene varias cuencas sedimentarias, que puede contener petróleo.

Entre fines de 1976 y principios de 1978 Argentina establece en la Isla Morell de las islas Sandwich del Sur su base científica "Corbeta Uruguay". Los ingleses protestan y Argentina rechaza la protesta.

Argentina a su vez protesta en agosto de 1978, sobre la decisión inglesa de crear una zona de jurisdicción marítima de 200 millas alrededor de las islas, declaración que no se produjo.

¡En realidad en 1908, se había declarado soberanía hasta el Polo!

A principios de 1980 se repusieron a los Embajadores.

En 1980 se creó un Registro de Contratos Públicos para las Islas Malvinas, mediante Ley 22.197 del 17 de marzo de 1980.

A principios de 1980 el Ministro de Relaciones Exteriores Nicholas Ridley anunció que se cedería la soberanía a Argentina, pero luego se mantendría las islas bajo arriendo, por un plazo no decidido. Se informó en Londres que todo dependería de los deseos de los isleños y éstos recibieron con desagrado la sugerencia.

La población de las islas continuó descendiendo, en 1974 era de 1879 habitantes y en 1977 de 1805; actualmente de 1.800 ó menos. Stanley tiene la mitad de esos habitantes.

Finalmente digamos que la Argentina hasta ahora ha recibido muy poco del esfuerzo realizado para argentinizar las Malvinas.

Los acontecimientos de las islas repercuten hondamente en nuestro país.

Dos maestros argentinos, viven en las islas, así como los funcionarios argentinos de la Fuerza Aérea y el Representante de la Armada.

El 30 de abril de 1970 un menor nacido en las islas fue inscripto en Buenos Aires como argentino.

El 29 de mayo de 1974 por decreto del Poder Ejecutivo se decreta el día 10 de junio Día de la Afirmación de los derechos argentinos sobre las Malvinas, Islas y Sector Antártico. El día elegido es muy justo, pues recuerda el nombramiento del primer gobernador político y militar de las islas, don Luis Vernet, el 10 de junio de 1829 y coincidió con la toma de Puerto Egmont el 10 de junio de 1771.

En 1983, se cumplirá un siglo y medio de la usurpación británica y era muy difícil esperar que los británicos se hubieran retirado de las islas. Se hubiera dado así el caso insólito y nada edificante, de una ocupación tan prolongada de un territorio de una nación amiga por una gran potencia, sin mayor argumento que su poderío.

Creíamos que la paciencia argentina no podía ser infinita, pues ello significaría impotencia y que debemos cambiar de métodos.

Finalmente el dos de abril de 1982 las fuerzas armadas argentinas, hartas de esperar y sufriendo nuestro país la constante humillación de tener ocupadas islas mayores, deciden ocupar la isla en una operación donde tienen 4 muertos y 2 heridos, sin bajas para los ingleses. Este caso de benevolencia con el enemigo y respeto de sus vidas, es creemos único en la historia del mundo.

CAPITULO VIII

Contribución a la historia de las islas Georgias del Sur y las islas Aurora

Como están muy ligadas a la historia de las Malvinas e Inglaterra las considerá "dependencias" de las mismas, debemos decir algo de estas islas, uno de los archipiélagos en disputa.

De nuestras Malvinas a las Georgias del Sur, hay 800 millas. Estas últimas están a 1.250 millas de nuestra isla de los Estados, o sean 2.300 kilómetros aproximadamente; pero están a doble distancia y sin ninguna conexión geológica, del Cabo de Buena Esperanza en Africa.

El campo de hielo marino, no alcanza en invierno a las Georgias, pero sí rodea a las Sandwich y en cuanto a los témpanos llegan a las islas, pero en mucha mayor cantidad a Georgias y Sandwich.

Las islas Georgias del Sur, constan de una isla muy grande, San Pedro, y de algunas islas menores. La mayor tiene 100 millas de largo (185 kms.) y 20 millas de ancho (37 kms.). Es una isla que tiene una gran cadena central que son los montes que nosotros llamamos San Telmo y los ingleses llaman Allardice, en honor de un gobernador de Malvinas.

Esas islas según algunos historiadores fueron descubiertas en 1675 por Antonio de la Roche que a pesar de su nombre francés era un capitán mercante inglés; pero como se puede comprobar en la cartografía posterior a esa fecha, la latitud que da es totalmente errónea, 10 grados más al norte; por lo cual incluso un historiador inglés ha dicho que debía ser posiblemente la isla Beauchêsne, situada a unas 30 millas al sur de las grandes Malvinas, de manera que ese descubrimiento es sumamente dudoso. En 1756, la nave mercante española "León" procedió a descubrir las islas el 28 ó el 29 de Junio.

Hasta hace poco teníamos la relación citada por el doctor Fitte en su libro, de Sir Duclos Guyot, uno de los pasajeros, en la cual explica que el día 29 de junio a las 7 de la mañana, descubrieron una isla muy grande de 20 a 25 leguas, concuerda perfectamente con su longitud y estuvieron prácticamente tres días recorriéndola y luego siguieron viaje para las Canarias, la latitud que da es perfecta, 54 grados y unos minutos, la longitud casi concuerda con la de la mitad de la isla.

Hemos tenido la suerte de encontrar otro documento en el Museo Naval de Madrid sobre este descubrimiento. Es la relación del piloto Henrique de Cormer natural de Saint Maló que era el piloto de la nave "León", el cual hace una descripción que coincide exactamente con lo que dice Sir Duclos Guyot, que iba en ese barco como pasajero; pero que además da datos científicos, geográficos mucho más precisos que concuerdan exactamente con los que tiene la isla San Pedro.

La isla San Pedro se llama así porque el 29 de junio, era el día de San Pedro. El piloto dice que el día 28 vieron una masa de tierra, pero que después se produjo, como en esa zona es muy frecuente, una niebla que no los dejó comprobar hasta el día siguiente de que efectivamente habían visto tierra.

También se ha mencionado como descubridor a Américo Vespucio, pero es muy controvertido. Los historiadores están todavía discutiendo si en 1501 desde el Cabo Frío siguió para el Sudeste o si siguió las costas patagónicas. Los últimos documentos del señor almirante Basílico y el capitán de corbeta Roberto Barreiro, español, demuestran que siguió al sudeste.

Vespucio informa que vio una tierra en medio de una tormenta, cuya extensión era de 20 leguas, pero nadie puede decir con qué precisión la situó, con qué longitud, etc. La latitud podemos aceptársela, estaba en los 50 ó 52 grados según algunas de las cuatro famosas "letteras" de la discusión vespuciana.

Lo cierto e que es un avistaje en medio de una tormenta, sin precisión aceptable, muy discutido y tan dudoso como el de La Roche. En cambio, las dos versiones del avistaje español son perfectamente coincidentes con la latitud de la isla. En cuanto a la longitud, o sea la distancia Este Oeste, hay una gran diferencia en el piloto que obligó a efectuar una investigación al respecto: ¿por qué Duclos Guyot que iba en el mismo buque daba una longitud casi exacta y el piloto de Saint Maló, Henrique Cormer tenía 8 grados de diferencia, que en esa latitud son equivalentes a 275 millas? Ese error en la zona y época era aceptable en longitud.

Lo que ocurrió se aclaró luego de consultarse el relato de Duclos Guyot, porque cuando éste llegó a las Canarias, comprobó que tenía de 8 a 10 grados de diferencia en la longitud. Su trabajo fue corregido y publicado varios años después. En cambio el piloto anotó sus datos en el momento, de manera que allí se explica su error en longitud; la descripción y actividades coincide totalmente. De manera que las islas han sido descubiertas, por lo menos científicamente por la nave "León", española' en 1756, un 28 ó 29 de junio.

En 1775 el gran navegante inglés James Cook, redescubre las islas, pero reconoce que anteriormente lo habían hecho los españoles del navío "León", que habían llamado San Pedro a la isla principal.

Posteriormente la isla San Pedro se convierte en el centro de la caza de cetáceos. Las ballenas que tenemos en nuestras aguas australes, son casi las mismas que había en el norte. Cuando se acabaron allí, los balleneros vinieron a nuestras aguas y también prácticamente las exterminaron y de esa riqueza tampoco la Argentina ha tenido mayor provecho.

En el Atlántico Sur y Antártida se encontraba la famosa ballena azul,

de 33 metros de largo, tercera parte de una cuadra y de 150 toneladas de
peso, equivalente al peso de 25 elefantes o de 150 toros. De una de esas
ballenas, con el aceite y otros anexos, se puede ganar 2.500 libras; pero
para los japoneses que utilizan todo, hasta la carne como alimento, esa
suma se eleva mucho más.

En 1904, en la isla San Pedro, en una bahía que se llama Cumberland,
se estableció la primera factoría ballenera, pertenecía a la Compañía Argentina de Pesca, establecida bajo leyes de nuestro país. El gerente de esa
compañía, gran ballenero y uno de los lobos de mar más extraordinario
de todos los tiempos, era Carlos S. Larsen. Era el mismo que visitó en
1892 el Mar de Weddell y había encontrado ballenas, fósiles, etc. Volvió
posteriormente, con la expedición antártica sueca de 1901, aquélla del
"Antarctic", que él comandaba y en la cual participó nuestro alférez
Sobral y después del hundimiento de su buque y su rescate por la "Uruguay" se quedó en Buenos Aires y constituyó esa Compañía de Pesca.
Fue así que en 1904, en Georgias del Sur, se estableció la primera factoría ballenera y era argentina y con capitales argentinos. El presidente de
la compañía era un señor Pedro Christophersen, casado con una argentina, nieta del general Alvear. Ernesto Tornquist, argentino, fue uno de los
principales accionistas y posteriormente fue también Presidente de la
compañía.

Esa compañía llegó a San Pedro con tres naves, dos veleros y un ballenero a vapor, el 16 de noviembre de 1904, fecha que todos los argentinos
deberíamos conocer y empezó a cazar ballenas en diciembre. El primer
año de actividad, en la primera temporada de caza, se obtuvieron 195 ballenas pero en 1906 Inglaterra, que descubre este campo ballenero de
gran importancia, impone su poderío marítimo y obliga a que todo el
mundo que venga a esta zona le pague derechos, le pague impuestos por
cazar ballenas.

En 1908 ya había tres factorías terrestres y una flotante; vinieron más
y posteriormente había una argentina, dos o tres noruegas, una sudafrica-
na y una o dos inglesas (dependía de las épocas), oscilaban en un total de
cinco a siete hasta 1930. Las 195 ballenas del primer año se habían convertido en un total de 95.000. Los ingleses en 1908 habían hecho otra
declaración unilateral y declaran que están bajo su dominio todas las tierras e islas comprendidas en un sector que va desde el meridiano 20° W
hasta el meridiano 80° W y debajo de latitud 50° S al Polo. Es decir que
en ese mismo sector no sólo estaban las Georgias, las Sandwich y las Malvinas, sino también un pedazo de Santa Cruz, Tierra del Fuego y la Provincia Chilena de Magallanes.

Evidentemente los ingleses no eran muy cuidadosos en su expropia-
ción y cuando Argentina y Chile protestaron, se zanjó la dificultad, cor-
tando un pequeño sector por el meridiano 50° W hasta el 58° S, de manera que esto es lo que Inglaterra desde 1917 reivindica, como propio en

Transporte "Guardia Nacional" en Grytviken, Isla San Pedro - 1905.

cuanto a tierras existentes hasta el Polo Sur.

El sector Argentino cabe cómodamente en el inglés. Nosotros hemos sido demasiado tímidos quizás, en nuestro pedido. Todos los países han pedido más con una política que es de lamentar pero que, internacionalmente, da resultados.

A partir de la instalación de la Compañía Argentina de Pesca en Grytviken, la Armada Argentina le dio apoyo logístico y de comunicaciones hasta dos décadas después. He aquí el resumen de esta acción:

En 1905, siendo los argentinos los únicos habitantes de las islas, el transporte "Guardia Nacional" llegó a Bahía Cumberland el 1 de febrero y descargó pertrechos y 1000 toneladas de carbón en 14 días de trabajo.

El Comandante de la nave, teniente de navío Alfredo P. Lamas, ordenó la realización de un cuarterón de la Bahía, en el cual cooperó la nave "Fortuna" de la Compañía Argentina de Pesca, cedida gentilmente por el gerente de la misma Karl Larsen.

Tomaron parte en la tarea los oficiales León Scasso, Pedro Bran, Arturo Sierra, Octavio de la Vega y Mario Storni. El Comandante describió al puerto como abrigado a todos los vientos y con buen tenedero.

El seno más austral de la Bahía Cumberland, estaba innominado y se lo bautizó Guardia Nacional. Se zarpó de vuelta el 30 de junio de 1905.

La corbeta "Uruguay", a su vez veterana y marinera realizó otros viajes a Georgias, aunque el principal motivo era el relevo de Orcadas. Citamos los viajes realizados:

1) 1909, comandada por el teniente Carlos Somoza, relevó Orcadas y del 13 de febrero de 1909 al 24 del mismo mes, relevó y reparó instalaciones en Bahía Moltke (isla San Pedro).
Pasó luego a Bahía Cumberland donde la oficialidad y tripulación fue atendida por Karl Larsen. Cargó carbón y zarpó rumbo a Buenos Aires el 27 de febrero. ,

2) 1910. Con el teniente de navío César Maranga y después de relevar Orcadas, llegó el 11 de febrero a Bahía Cumberland. El 16 se dejó Georgias rumbo al Río de la Plata.

3) 1911. Teniente de navío Guillermo L Losa de Comandante. Relevó Orcadas y permaneció desde el 17 de febrero al 2 de mayo. Se realizó cartografía y se zarpó hacia Buenos Aires.

4) 1914. Comandada por el teniente de navío Ignacio Spíndola. Después del relevo de Orcadas permaneció en Bahía Cumberland del 28 de febrero al 2 de Marzo.

5) 1918. En este viaje el Comandante era el teniente de navío Eleazar Videla. Luego del acostumbrado relevo de Orcadas, permaneció en Bahía Cumberland del 11 al 16 de marzo.

6) 1919. Bajo el Comando del teniente de navío Jorge Games pasa por Orcadas y permaneció en Grytviken del 6 al 11 de marzo.

El Comandante solicitó datos a los balleneros y realizó con sus oficiales una carta completa de San Pedro.

La corbeta necesitaba reparaciones y estaba muy veterana y el Guardia Nacional realizó dos viajes más.

En 1923 al Comando del teniente de navío Ricardo Vago, puso proa directa a Georgias, llegando a Bahía Cumberland el 29 de enero. Desde allí se envió bajo contrato al ballenero "Rosita", para hacer el relevo de Orcadas. Cumplido éste, zarpó el 22 de febrero hacia la isla de los Estados. Luego de recorrer otros puertos llegó a Buenos Aires el 21 de marzo de 1923. Levantó un nuevo cuarterón de Bahía Cumberland. Al año siguiente, en 1924, el "Guardia Nacional", volvió a viajar a Georgias, entrando a Cumberland el 4 de marzo de 1924, realizando tareas hidrográficas, mientras el ballenero "Rosita" hacía el relevo de Orcadas. Zarpó el 17 de marzo de regreso.

Debemos destacar que el veterano velero "Tijuca" realizó viajes a Georgias del Sur por la Compañía de Pesca que lo había comprado y en algunos de ellos llevó a oficiales de nuestra Prefectura a bordo. Este velero de la época de Napoleón III fue a Georgias en 1926, 1927, 1928, 1931, 1932 y 1933.

La presencia de los buques de la Armada en Grytviken, significó el interés y la presencia argentina pese a que desde 1906 existía un representante inglés oficializado en 1908.

En 1948 se cazaron en la Antártida 46.000 ballenas.

Desde 1934 también intervenía en estas actividades Japón. Luego de la guerra desapareció Alemania y sus factorías fueron de otros países; en 1947 apareció Rusia, con una factoría alemana que le tocó en el reparto.

Perseguidas con métodos modernos, sonar, helicópteros, las ballenas empezaron a extinguirse. De las 200.000 ballenas azules, hoy quedan según las fuentes, seiscientas o seis mil y en todas las otras clases de ballenas menores, pasa lo mismo, así las Rorqual o ballenas Fyn o de aleta, como se las llama y que son casi tan grandes como las azules; la ballena jorobada o jibosa o nudosa, que es la mitad de la azul y las ballenas enanas, que tienen de cinco a diez metros.

Hoy día las grandes ballenas son tan escasas que las únicas potencias que están en estos momentos en la industria son Rusia y Japón y todas las demás se han retirado. Primero fue Sudáfrica en 1957, la siguió Argentina en 1961, a pesar de haber sido la primera en instalarse en la zona, después fue Inglaterra en 1963; Holanda en 1964 y Noruega, la gran potencia ballenera, que cazaba casi la mitad de las ballenas de la Antártida, cerró en 1968 y ahora ha puesto una factoría de nuevo en servicio. Quedaron únicamente los rusos y los japoneses. Los primeros según informaciones extraoficiales, porque subvencionan esta actividad que les permite entrar en todos los lugares antárticos y hacer oceanografía de todo tipo, incluso militar, entrenar sus tripulaciones y hacerlas más marineras y los japoneses porque aprovechan toda la ballena, incluída la carne que sirve para la alimentación humana.

A 135 millas (250 kilómetros) al Oeste de las Georgias del Sur, se hallan unos islotes rocosos que tienen su historia y pequeñas o no, abruptas o de difícil desembarco, son argentinas y debemos tenerlas en cuenta. Son las rocas Cormorán y Negra, pequeños picachos de difícil avistaje en esa zona tormentosa y de frecuente baja visibilidad.

Las Cormorán son cuatro rocas, la mayor de las cuales se eleva a 70 metros sobre la superficie del mar.

La roca Negra está situada a diez millas al SE de las Cormorán y sólo se eleva a tres metros sobre el nivel del mar, a su vez y cerca de ella existe otra roca a flor de agua, situada al Este.   -

Las islas fueron avistadas en 1762 por primera vez por la nave "Aurora", mercante español que regresaba a la península desde Lima. Desde entonces se las llamó Islas Aurora.

En 1769 volvieron a ser avistadas por el mercante "San Miguel" y en 1774 por el mismo mercante "Aurora", descubridor.

En 1779 las avistó el velero "Pearl", en 1790 el "Dolores" y ese mismo año por el "Princesa" de la Real Compañía española de Filipinas, cuyo capitán era Manuel de Oyarvide.

La corbeta "La Atrevida", de la famosa expedición de Alejandro Malaspina, a principios de 1794, se separó de su gemela la "Descubierta" en Malvinas y se dirigió a verificar estos descubrimientos. El 20 de febrero avistó una de las cuatro islas que hoy llamamos Cormorán y poco después las otras.

También se registro la Roca Negra y se dejó constancia de la existencia "a flor de agua" de otra roca cercana a ella.

Las islas Aurora fueron situadas con los instrumentos de la "Atrevida", entre ellos dos cronómetros para la longitud, cuya marcha se controló durante todo el viaje. La situación se tomó perfecta en latitud y en cuanto a la longitud se midió en base del meridiano que tenía origen en el observatorio astronómico de San Fernando en Cádiz.

En 1820 y 1822 el famoso lobero James Weddell y en 1822 los capitanes Johnson y Morrell, las buscaron sin resultado. La razón de esto puede estar en que las longitudes fueron tomadas desde el meridiano de Cádiz y quizás alguien convirtió esas longitudes con origen en Greenwich, sin aclararlo y eso ha motivado las infructuosas búsquedas. Hoy día están situadas y fotografiadas como prueba de real existencia.

Esta visita de la "Atrevida" en la parte final del viaje de las dos corbetas alrededor del mundo, tiene su importancia, pues la expedición Malaspina, era una expedición oficial que recorrió todas las posesiones españolas de América y las islas del Pacífico y del Atlántico. Fue en realidad una verificación oficial de algo que consideraron perteneciente a España.

Así como la conquista de Malvinas frenó nuestra natural expansión por las islas del Sud, que ya visitaban nuestros loberos, esta incursión a las islas Aurora, es una prueba de que España consideraba a estas pequeñas rocas, de su dominio y en consecuencia son de nuestro dominio actual por herencia.

Estas pequeñas rocas, hoy parecen no tener importancia, resultan inaccesibles e improductivas, salvo la presencia de anfibios; pero en el futuro, la técnica las puede convertir en firmes bases de explotación y control de nuestros mares.

Las islas Georgias del Sur fueron recuperadas por nuestras fuerzas el 3 de Abril de 1982, para luego ser reocupadas por los ingleses en lucha y resistencia prolongada. Son islas nuestras y las reocuparemos.

En cambio las islas del Norte fueron visitadas por el navegante ruso, almirante Fabian G. Bellingshausen con dos buques llamados "Vostok" y "Mirny". El "Mirny" estaba mandado por el teniente Miguel Lazarev. Esta expedición pasó a fines de 1819 por las Georgias y una isla pequeña de las Georgias se llama Annenkov en honor del segundo comandante de la "Mirny".

Las dos naves siguieron navegando y encontraron nuestras islas Sandwich, a principios de 1820. Por ese descubrimiento después del cual no hubo ningún otro acto, hasta la presencia de balleneros rusos. Los rusos tienen pretensiones no declaradas, pero demostradas, sobre nuestras islas Sandwich, sobre nuestras islas Shetland y también sobre la Antártida en un sector que aún no ha sido declarado.

Nuestra paciencia no podía seguir siendo infinita y el 2 de Abril de 1982 se agotó y recuperamos las islas Malvinas y al día siguiente Georgias del Sur.

Sigue una dura lucha; pero aunque vamos venciendo, sea cual fuere el resultado, nunca transigiremos, nunca dejaremos de prepararnos para recuperarlas, hasta que las islas sean nuestras.

Va mucho de futuro y soberanía en esas islas y además la integración de nuestro territorio con nuestros archipiélagos y todo el mar que nos corresponda.

CAPITULO IX

Contribución a la historia de las islas Sandwich del Sur

La teoría del Dr. Alfredo Lotario Wegener establecida desde 1912 y en sus obras "Origen de los Continentes y Océanos" y "Los Continentes a la Deriva", parece ir confirmándose con los nuevos descubrimientos oceanográficos.

En el caso de las islas Sandwich del Sur, la explicación de Wegener parece más que lógica y la sintetizamos así:

En la separación de los actuales continentes de la Pangea o Continente Unico, América del Sur y Antártida derivaron a sus actuales posiciones unidas por un istmo. Debido a distinta densidad de terrenos o a otra causa geológica, el istmo se fue quedando retrasado con respecto a las masas principales y terminó por hacerse muy cóncavo hacia el oeste. Finalmente se quebró y formó el arco antillano del sur cuyos restos son la isla de los Estados, el banco Burdwood, las rocas Cormorán y Negra, las islas Georgias del Sur, las Sandwich del Sur, las islas Orcadas y las Shetlands.

La parte donde la quebradura fue mayor y por lo tanto más profunda, hasta llegar al magma semi-sólido, fue en el extremo este del arco. Allí la flexión es más pronunciada. Esa debió ser la razón por qué las islas Sandwich son volcánicas, once pequeñas islas volcánicas.

Las Sandwich del Sur constituyen el grupo más oriental de las islas sub-antárticas y también el límite terrestre oriental del dominio marítimo argentino.

El archipiélago está constituido por once islas principales, islotes y rocas, situados sobre "un arco convexo hacia el este entre latitud 56° 14' S, longitud 27° 35' W y latitud 59° 27' S y longitud 26° 20' W". Es decir se extienden de norte a sud por 3° 16' de latitud o sea 196 millas (357 kilómetros) y de este a oeste sólo 60 millas. Las islas son pequeñas y su superficie total es aproximadamente 300 kilómetros cuadrados.

Las Sandwich del Sur son de naturaleza volcánica, una de ellas la Zavodovski tiene actividad volcánica permanente, las otras suelen tener algunos signos de erupción, como la emisión de vapores y algún calor, otras están cubiertas de glaciares. Son de difícil acceso y ofrecen poca protección, por lo que permanecieron hasta ahora casi deshabitadas.

Las Sandwich del Sur están a 1250 millas, poco más de 2300 kilómetros de la isla de los Estados y a 430 millas (796 kmts.) del archipiélago de las Georgias del Sur. De Buenos Aires distan 2080 millas (3800 kmts.) y del Polo Sur 1219 millas (2256 kmts.).

Las islas, de norte a sud se llaman:

1) **Zavodovski** de forma circular y diámetro de tres millas y erupción volcánica continua. Tiene forma de cono, cuya cima es el monte Curry (490 mts.). Las emanaciones volcánicas se perciben hasta casi una milla de distancia.

2) **Isla Leskov** tiene forma de luna en cuarto creciente y es muy pequeña, sólo poco más de 1000 metros de largo por 550 metros de ancho. Su mayor altura es de 185 metros, pero sus costados son acantilados inabordables de más de 50 metros de altura. No existe actividad volcánida.

3) **Visokoi** de forma ovoide (un diámetro mayor de 4,5 millas y menor de 3 millas). Sus costas son muy escarpadas. Su mayor altura se calcula en más de 900 metros. Se ha observado actividad volcánica en algunas épocas, pero se halla cubierta de hielos con ventisqueros.

Las tres islas mencionadas constituyen el grupo Marqués de Traverse.

4) **Candelaria**, son dos, **Candelaria** la mayor al este, de tres millas de largo por 1,25 de ancho. Su parte noroeste es volcánica. En la parte sudeste tiene un glaciar y allí emergen tres montes (el más alto de 785 metros). Las costas son acantiladas. La isla menor está dos millas al oeste y ha recibido el nombre de **Vindicación**. Tiene forma pentagonal, con una medida mayor de una milla. No tiene signo de actividad volcánica. Prácticamente inaccesible, costas acantiladas. Existen varias rocas en la cercanía de las dos islas.

5) **Saunders** de forma de semicírculo con una milla de largo. Nevada totalmente. Su pico más elevado tiene 810 metros. Tiene algunos signos de actividad volcánica. En la costa noroeste de la isla está la Bahía Cordelia, que es un fondeadero aceptable. Lleva el nombre de un Primer Lord del Almirantazgo Inglés.

6) **Jorge (ex-Montagú)** es la más grande del grupo de las Sandwich y la situada más al este. Tiene una forma irregular parecida a un trapecio. Su mayor longitud es de 9 millas. Alta, escarpada y cubierta de hielo en general. En su centro el Monte Belinda se eleva hasta 855 metros. No presenta actividad volcánica. La bahía Phyllis es la única entrada y posible lugar de desembarco.

7) **Blanco (ex-Brístol)** de forma rectangular, de 4,5 millas de largo 3,5 millas de ancho. Totalmente cubierta de glaciares y es montañosa. Costas inaccesibles. El pico Danley tiene una altura de 1100 metros. Tiene alguna actividad volcánica.

8/10) **Grupo Tule del Sur** se halla en el extremo sur del arco de las Sandwich. Está integrada por tres islas: Bellingshausen, de 2000 metros de máxima longitud, con costas inaccesibles; Cook la mayor del grupo, de forma ovalada y de eje mayor de 900 metros de longitud, cubierta por un grueso glaciar; Morrell, recubierta por hielo, con forma de luna en cuarto creciente. En ella están situados el Refugio de la Armada Ar-

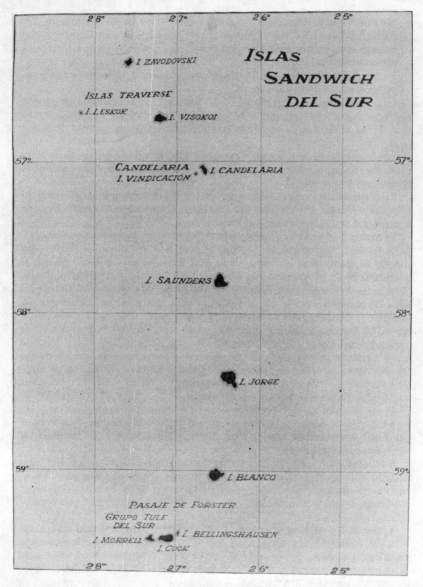

Islas Sandwich del Sur.

gentina Teniente Esquivel y la Base Científica Corbeta Uruguay. En Bahía Ferguson tiene un fondeadero de regular eficacia. En este archipiélago el porcentaje de mal tiempo es de 90%, con vientos fuertes y persistentes del SW.

La vegetación de las islas Sandwich es escasa y primitiva, consistente en musgos y líquenes.

La fauna consiste en pingüinos, pinnípedos, especialmente leopardos marinos y algunos elefantes marinos y focas de Weddell. Entre los pingüinos, las clases más abundantes son los de Adelia, de barbijo, Papúa y Real.

Las aves marinas son numerosas, entre ellas el petrel gigante, la paloma del Cabo, Skua, la gaviota dominicana, albatros, el petrel de las nieves, la paloma antártica, etc.

El clima es de vientos, niebla, bruma y nieve, con gran porcentaje de tiempos ventosos. En invierno las islas están completamente rodeadas por el pack que se extiende desde el Mar de Weddell.

El famoso navegante inglés James Cook, con su nave "Resolution", luego de su arribo y estadía en Georgias del Sur, en los primeros días del año 1775, puso proa al Sur y en latitud 60° S se dirigió hacia el este y descubrió el 31 de enero la isla Blanco, a la que denominó Brístol. Posteriormente divisó el grupo Tule y la isla Jorge, que denominó Montagú, pero las consideró como cabos de una tierra más extensa que denominó Sandwich. Continuando su navegación hacia el N., descubrió la isla Saunders y las Candelaria, que denominó Candlemas. Es decir, excepto las tres islas septentrionales, Cook descubrió las otras ocho meridionales, aunque no el carácter insular de las Tule, Blanco y Jorge, que consideró partes de una tierra antártica. A todo el archipiélago lo llamó Sandwich del Sur, en honor del Primer Lord del Almirantazgo.

En efecto Juan Montagú, cuarto conde de Sandwich (1718 - 1792) ha dado su nombre al archipiélago, a una de las islas y al emparedado, inventado por él para no perder tiempo al jugar a los naipes. Fue Primer Lord del Almirantazgo de 1748 a 1751, y de 1771 a 1782, además de otros importantes cargos.

La expedición rusa del capitán de navío Fabian Gottlieb von Bellingshausen, con las fragatas "Vostok" y "Mirny" (Teniente Miguel P. Lazarev), zarpó de San Petersburgo el 17 de junio de 1819. El Jefe de la expedición de origen estoniano era un oficial de grandes conocimientos científicos.

Entre el 3 y el 4 de enero de 1820 la expedición rusa descubrió tres islas, las cuales fueron bautizadas con los nombres de tres oficiales de la expedición Leskov, Zavodovski y Torson. El Teniente Torson tomó parte en una revolución en San Petersburgo y el nombre de la isla fue cambiado por isla Visokoi, que significa Isla Alta.

Unos días después avistaron las islas descubiertas por Cook y en el archipiélago Tule llamó Cook a una de las islas. Otra de estas islas fue llamada Bellingshausen en 1930, por la expedición inglesa de la Discovery XI. La tercera se llamó posteriormente Morrell, por el capitán Benjamín Morrell, que había visitado las Sandwich poco después.

En 1820 había visitado las islas el lobero Norfolk y en 1823 el capitán Morrell.

Durante la temporada de 1830 visitan las Sandwich, el capitán James Brown, Comandante de la goleta norteamericana "Pacific" en Zavodovski y el explorador John Biscoe con los foqueros "Tula" y "Liveley" en la isla Zavodovski, Candelaria, Sauders, Jorge y Blanco.

Llegamos a 1908 y el famoso ballenero Carl A. Larsen, con el "Ondine" de la Compañía Argentina de Pesca, reconoce prolijamente las Sandwich del Sur, con nuestro pabellón.

Recordemos que Larsen es el mismo que mandó al "Antarctic" de la expedición Nordenskjöld y que luego fue Gerente de la Compañía Argentina de Pesca, la primera que se asentó en la isla San Pedro, de las Georgias del Sur, en Noviembre de 1904.

Recordemos también en este punto de nuestro trabajo mencionar cuánto debemos al Doctor Ernesto J. Fitte, colega y amigo recientemente desaparecido, y el primero en escribir un capítulo sobre las Sandwich en su obra "La Disputa con Gran Bretaña por las islas del Atlántico Sur".

En 1911 el "Deutschland" de Wilhelm Filchner, después de tocar Buenos Aires se dirigió a Georgias del Sur donde llegó el 21 de octubre. El 1° de noviembre zarpó de Grytviken, pero lo sorprendió una terrible tempestad. El 4 de noviembre avistan la isla Leskov y luego recorren las otras islas. Regresaron a Husvik en San Pedro, Georgias del Sur, el 12 de noviembre.

Ya desde 1905 las islas eran visitadas por balleneros noruegos y en 1911/12 el capitán Ole Jorgensen visitó las islas con las naves "Thulla" y el "Havforner". Este último se hundió en un choque con los hielos; pero su tripulación fue rescatada por el "Thule".

En 1914 el esforzado Ernesto Shackleton con el "Endurance" pasó el 7 de diciembre entre la isla Saunders y el grupo de las Candelaria.

Shackleton luego de sus formidables hazañas en el Weddell, donde perdió el "Endurance" y logró el rescate de sus hombres, regresó a Georgias del Sur con el "Quest" el 4 de febrero de 1922; pero ya estaba muy enfermo y falleció en el momento de llegar. Lo sucedió en el mando su segundo Frank Wilds, el cual zarpó de Grytviken el 18 de enero de 1922. El día 20 avistaron Zavodovski, la cual recorrieron en todo su entorno, percibiendo los vapores sulfurosos. Luego se dirigieron al sur, al mar de Weddell.

En 1930 visitó las islas el Discovery II, cuyo comandante era N. M. Carey. Esta expedición inglesa fue seguida por el buque científico también inglés "William Scoresby" en 1937/38. El último realizó entre otras tareas científicas la marcación de ballenas, para conocer sus rutas y costumbres.

Otras expediciones visitaron y visitan las islas con la sola interrupción de los años de la Segunda Guerra Mundial.

Los británicos la visitaron nuevamente en 1953/4; los rusos con buques balleneros o científicos navegan por las cercanías o las visitan a fines de 1957.

La nave científica norteamericana "Eltanin" encontró una roquería de pingüinos en la isla Zavodovski.

Citaremos también que el 6 de marzo de 1964, el H.M.S. "Protector", desembarcó en la isla Candelaria a varios científicos que con algunos infantes de marina permanecieron hasta el 22 de marzo siguiente, realizando actividades científicas. Un helicóptero aterrizó en el islote Freezeland. También hubo intensa actividad ballenera, en las cercanías de las islas.

LA ACTIVIDAD ARGENTINA

Después de la visita del "Ondine" de Larsen de la Compañía Argentina de Pesca y desde 1952, la Argentina se hizo presente con su Armada en las islas Sandwich del Sur, desarrollando una intensa actividad científica y colocando los primeros balizamientos o construyendo el primer refugio que se habitó en el grupo Tule.

Trataremos con algún detalle la primera expedición a las Sandwich realizada en 1952 en la Campaña Antártica 1951/52.

Durante esa Campaña se constituyó un grupo de reconocimiento denominado número dos, formado por las Fragatas "Sarandí" y "Hércules". El Comandante del Grupo y de la Fragata "Sarandí" fue el capitán de fragata Domingo C. Luis. El Comandante de la "Hércules", el capitán de fragata Carlos A. Viñuales.

La misión de este grupo de reconocimiento consistió en hacer relevamientos rápidos de las islas, observaciones científica especialmente de biología, vulcanismo, meteorología e hidrografía y establecer dos balizas si fuera posible.

La Armada Argentina siempre se preocupó por ser la primera en establecer ayudas a la navegación. Lo hizo en la Antártida en su sector, con el Faro 1° de Mayo en 1942; en las Georgias y también en las Sandwich, aunque no en esta expedición.

Ambas fragatas zarparon independientemente de Ushuaria el 26 de febrero de 1952 rumbo a las Sandwich del Norte o Grupo del Marqués de Traverse. Debieron soportar mal tiempo y la fuerza del mar osciló entre 6 y 9, siendo 8 temporal, los días 28 y 29 de Febrero.

La fragata "Sarandí" sufrió el 28 de febrero la ruptura del plan de la balza N° 6 y se le perdió el "cenicero" de popa, barrido por el mar.

A medida que se acercaban a las Sandwich, aumentaba la nubosidad y tuvieron nieblas.

La "Sarandí" recaló cerca de isla Leskov a mediodía del 2 de marzo de 1952.

La "Hércules" avistó Zavodovski el mismo día y casi a la misma hora.

A continuación ambas fragatas empiezan el reconocimiento de las islas que previamente habían convenido.

Durante el viaje se habían avistado petreles de las nieves y grises, pingüinos, dameros y focas de Weddell y se había detectado algún témpano en el radar. La temperatura oscilaba en los cero grados centígrados. El 2 de marzo la "Sarandí" reconoció Leskov y Visokoi.

Comprobó que en la primera no se podía fondear y en la segunda la costa acantilada impedía desembarcar.

A continuación la nave se dirigió a la isla Saunders y fondeó en Bahía Cordelia, a las 13,30 horas del día 3 de marzo de 1952. Se destacó una lancha con el Comandante y un chinchorro a remolque. Hubo graves problemas por el desembarco y cuatro hombres logran desembarcar con el chinchorro en maniobra peligrosa por la rompiente. Eran las 1250 horas y el chinchorro perdió el timón en este primer desembarco argentino en las islas Sandwich.

Como las islas caen al mar con una pendiente de 45°, el mar de fondo entra en la bahía y levanta peligrosa rompiente muy difícil de atravesar.

El rescate de ese personal lo efectuó desde la lancha el segundo comandante de la "Sarandí" capitán de corbeta José C. T. Carbone y fue también una maniobra muy peligrosa terminada a 1540 horas con felicidad. Se efectuó un levantamiento rápido de la bahía Cordelia.

El día 4 de marzo se navegó paralelo a la costa este de la isla Saunders y a tres millas de distancia. Por un fuerte rolido, se cayó el cabo principal señalero Zárate, golpeándose la cabeza con la cubierta y perdiendo el conocimiento. Se recuperó en enfermería. Ese día el mar alcanzó fuerza 11, tempestad con viento de más de 100 kilómetros por hora. El barómetro estaba muy bajo. Se observó actividad volcánica en la isla.

El día 5 a 1430 horas mejoró el tiempo y se llegó a isla Blanco (Brístol) a 0700 horas, se la reconoció y se la encontró cubierta por glaciares. No se observó actividad volcánica. También se observó el islote Freezeland muy empinado. El día 7 la "Sarandí" se dirigió al encuentro de la otra fragata.

La "Hércules" avistó Zavodovski el 2 de marzo de 1952, primero con radar y luego a simple vista. También se avistó un témpano.

Luego se avistó Visokoi y se puso proa al Grupo de Candelaria, avistándolas a 0400 horas. A 1200 horas se fondeó en isla Vindicación en el tenedero del este y se efectuó un desembarco con el 2do. Comandante capitán de corbeta Jorge A. Castiñeiras Falcón. Fue el segundo que existe constancia, de argentinos en islas Sandwich del Sur.

También aquí la maniobra fue peligrosa, al tomar tierra la lancha sufrió un fuerte golpe de mar.

En Vindicación, se erigió un pequeño monolito en presencia del Comandante de la nave. La gente regresó mojada a bordo. Se zarpó luego hacia isla Jorge (Montagú).

El día 4 la niebla dificultó la navegación y a 1400 horas se llegó a Jorje (Montagú) que se reconoció. Al anochecer se puso proa al archipiélago Tule y se intentó entrar a Bahía Ferguson en isla Morrell; pero no pudo lograrse por la falta de visibilidad y un témpano varado en la entrada de la bahía.

El día 5 se reconocían las islas Cook y Bellingshausen y a 1815 horas se entró a Bahía Ferguson en isla Morrell. El fondeadero no resultó bueno y el buque fue llevado contra la restinga, se levó y se permaneció al garete al sur de las islas Tule.

El día 6 el mar oscila de fuerza 4 a 10. Se determina que Montagú y Saunders están mal situadas en la carta.

El día 7 a 0500 horas se reconocía Zavodovski y a 0700 horas se reunió con la "Sarandí" y se dio por terminada la operación. Ambas naves pusieron proa a Puerto Belgrano donde llegaron a 0030 hs. del día 14 de marzo de 1952.

Vemos cuán peligrosa es la navegación en la zona y los desembarcos. El tiempo es nuboso en las islas y el cielo está casi siempre cubierto. La niebla y los témpanos son otro peligro para el navegante.

En la campaña de 1954/55, la cual comandó el capitán de navío Alicio Ogara, realizó su primera campaña el rompehielos General "San Martín". Esta nave al mando del capitán de fragata Luis Tristán de Villalobos.

El "San Martín" realizó entonces usa expedición a las islas Sandwich y luego de varias etapas zarpó de Ensenada General Belgrano en el Mar de Weddell para las islas Sandwich del Sur, el 18 de Enero de 1955. El 25 de enero tomó contacto radar con las islas Tule del Sur y a 1411 horas entró a Bahía Ferguson, en la isla Morrell donde fondeó.

A 1425 se ordenó destacar el E.D.P.V. que se dirigió a tierra con el 2do. Comandante y se desembarcó para instalar un pequeño refugio que se llamó Teniente Esquivel, recordando al teniente de fragata Horacio Esquivel, que viajó en el 2do. viaje de la "Uruguay", en busca de la expedición de Charcot en 1904/5. También se construyó una baliza que se denominó Gobernación Marítima de Tierra del Fuego. El "San Martín" cumplida su misión zarpó para las islas Orcadas llegando a Bahía Scotia el 28 de enero de 1955.

La campaña de 1955/56 se realizó al mando del capitán de navío Emilio Días.

El rompehielos "General San Martín" zarpó de Bahía Uruguay en islas Orcadas el 10 de Diciembre de 1955 rumbo a la isla Morrell en el archipiélago de Tule. Durante el viaje se avistaron numerosas aves, entre ellas petreles, pingüinos, dameros y los "Whale Bird" o pájaros de las ballenas. El 13 de Diciembre de 1955 a 1426 horas, se fondeó en Bahía Ferguson en isla Morrell, donde se realizó relevamiento expeditivo y sondajes. A las 20,20 horas se envió la lancha E.D.P.V. a tierra, la que regresó al buque dejando personal en tierra para poner en condiciones y habilitar el refugio Teniente Esquivel y construir otra baliza que se denominó Teniente Sahores, en honor del teniente Alejandro Sahores fallecido en acción durante la Revolución Libertadora. La baliza se instaló en Punta Hewisson.

El 14 de diciembre, construída la baliza y puesto en condiciones el refugio, desembarcó el guardiamarina Ricardo Hermelo y los civiles operadores de radio que debían permanecer en las islas.

El rompehielos zarpó de Ferguson a las 10,25 hs. del 14 de diciembre rumbo a las islas Orcadas.

Así quedaron viviendo tres argentinos aislados en la isla Morrell, siendo los primeros en vivir en esas condiciones.

El guardiamarina Ricardo Hermelo era hijo y nieto de exploradores antárticos. Lo acompañaban los dos radioperadores, el señor Manuel Ahumada y el señor Juan Villarreal. Se estaba instalando un refugio, que tenía dos metros por uno y medio de altura. Allí iban a vivir los tres, en la zona de una pingüinera, con guano de medio metro de espesor, guano formado por los excrementos de los pingüinos y con un olor apestoso desde muchísima distancia. Durante la operación uno de los ingenieros que había ido a tierra, volvió al "San Martín" diciendo que había visto al Yety. Por supuesto le hicieron todas las bromas que podamos imaginar. ¿Cómo es el Yety? A veces dicen que es un enano monstruoso, otras que es un hombre barbudo, peludo, etc. que tiene en todos los casos unos pies enormes.

El guardiamarina Hermelo y sus compañeros olvidaron esa historia, pero resultó que los operadores civiles vieron al Yety poco después. El asunto se puso un poquito más verosímil, algo había allí. Entonces el Guardiamarina Hermelo como observó que las apariciones del monstruo se producían en la misma zona, estableció una guardia con un viejo fusil Mauser modelo 1891, que era la única arma que tenían. En el atardecer, estando el guardiamarina de guardia, vio salir desde la bruma, nada menos que al Yety. Era un enano peludo, que caminaba pesadamente y ahí se hizo la pregunta: ¿qué hacer? Bueno, resolvió aplicar el reglamento y dio tres veces el alto, sin saber si el Yety sabía nuestro idioma castellano. Esperó un momento prudencial y le disparó . . . así terminó con una de las pocas focas peleteras que quedaban en las islas Sandwich del Sur.

La aventura no terminó allí, poco después, como estas islas son muy volcánicas, en Cook, la isla vecina, vieron una gran llamarada que surgía hacia el cielo, de un volcán en erupción. El espectáculo era estremecedor

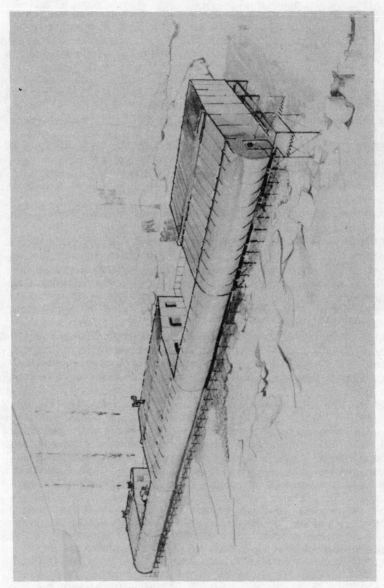

Base científica "Corbeta Uruguay". Isla Morrell, Sandwich del Sur.

y en la propia isla Morrell empezaron a ver y sentir fumarolas, gases sulfurosos, etc. Dijo el Guardiamarina que los dos radiooperadores nunca estuvieron tan rápidos, pidiendo auxilio.

El Rompehielos zarpó el 8 de enero de 1956 de ensenada Piedra Buena hacia las Tule y el 14 de enero se avistó la isla Blanco (Brístol) y se realizó con helicópteros un desembarco de geólogos en el islote Freezeland. Vueltos al buque se zarpó hacia Tule y de 1707 a 1712 hs con dos helicópteros, se evacuó a los tres habitantes de la isla Morrell. Cuando los tres rescatados llegaron a la cubierta del "San Martín", recibieron la orden de desnudarse completamente y tirar la ropa al agua. Nadie podía soportar el hedor de los que habían pasado un mes entre los excrementos de miles de pingüinos. Era la primera vez que en nuestras Sandwich habían vivido seres humanos tanto tiempo y aislados.

En la campaña siguiente de 1956/57 que mandó el capitán de navío Helvio Guozden, el Rompehielos volvió a las Sandwich del Sur y a fines del año 1957 a raíz de una noticia publicada en Londres, sobre la presencia de naves rusas en la isla Zavodovski, las cuales habían dejado una construcción con bandera rusa, se dispuso a enviar al Rompehielos.

El "San Martín" zarpó de Ensenada Piedra Buena para Zavodovski y llegó a la isla el 25 de enero de 1958. No se encontraron indicios del desembarco ruso pero se erigió otra baliza argentina que se denominó Guardiamarina Lamas en recuerdo del Oficial de ese grado José Daniel Lamas, muerto en hundimiento del "Fournier" en 1949.

La nave zarpó el 31 de enero de regreso llegando a Bahía Scotia el 2 de febrero de 1958.

En varias otras cmapañas como la del 69/70, llegaron nuestras naves a las Sandwich del Sur, hasta que se resolvió la construcción de una estación científica en la isla.

En la península Corbeta Uruguay, una saliente formada por lava y roca de la isla Morrell, la Armada Argentina realizó la hazaña técnica y sacrificada de instalar la Estación Científica "Corbeta Uruguay".

Durante la campaña de verano de 1976/77 los dos veteranos de la Antártida: el rompehielos "General San Martín" y el transporte "Bahía Aguirre" zarparon rumbo a la Antártida para su campaña anual y llevaban el propósito de instalar la Estación Científica Corbeta Uruguay. El nombre elegido evoca la gloriosa nave que realizó 13 campañas antárticas, desde 1903 a 1922, actividad que es la más intensa realizada por buque alguno, de cualquier nacionalidad, de esa época.

El Capitán de Navío D. Isidoro Paradelo comandaba la Agrupación Naval Antártica y debía instalar la estación, cumpliendo órdenes emanadas de una Resolución del señor Comandante en Jefe de la Armada.

El desembarco en la Península Corbeta Uruguay se inició el 7 de noviembre de 1976 y se comenzaron los estudios y la construcción de la Base, a cargo de personal del Batallón de Construcciones de la Armada.

Los buques zarparon y regresaron varias veces a la isla.

Durante cuatro meses se realizaron las construcciones en el terreno volcánico y cubierto de guano, soportando el mal tiempo y venciendo las grandes dificultades del terreno. Prácticamente se completó gran parte de las instalaciones. También es necesario destacar las condiciones precarias en que fue necesario vivir hasta que estuvieron terminadas las construcciones principales.

Todo se soportó con entusiasmo y férrea voluntad.

. La estación consta de tres partes fundamentales que son: la casa principal, la de emergencia y entre ambas la casa de servicios donde están los generadores, despensa, calderas, máquinas, etc. Estas tres partes están unidas por un conducto de sección semicircular bautizado como el "Cañoducto", el cual permite el tránsito interno entre las casas, sin salir, ni estar sometido a las nevadas y temporales de nieve exteriores. También existen un depósito, un abrigo de instrumentos meteorológicos y un mástil para nuestro pabellón.

La estación científica Corbeta Uruguay fue inaugurada oficialmente el 18 de marzo de 1977 y se labró el acta correspondiente firmada por los capitanes de navío Isidoro A. Paradelo, Alberto L. Padilla, comandante del rompehielos "General San Martín", César Trombetta, comandante del "Bahía Aguirre" y el teniente de fragata Guillermo Escorihuela, Jefe de la estación Científica.

La estación fue evacuada a continuación, pero volvió a ser ocupada durante la campaña de 1977/78 en forma permanente.

Su misión es científica y recoge información meteorológica, geológica, de fauna y flora, magnetismo, estado de los hielos, heliografía, etc. Esta vez la campaña antártica fue mandada por el capitán de navío Carlos Alberto Barros y el ya teniente de navío Guillermo Escorihuela ha quedado de Jefe de la misma con un grupo de científicos, entre los que figura un representante de la Fuerza Aérea.

Orgullosa puede estar la Armada de la instalación de esta estación naval, ella es un jalón más, comparable a los de Año Nuevo en 1902/1919; a la acción de Sobral en Snow Hill 1901/3; a la toma de Orcadas el 22 de febrero de 1904, cuyo duro relevo anual mantuvieron la "Uruguay", el "Guardia Nacional" y otras gloriosas naves argentinas.

Todo ha sido superado en ese lugar de características tan inhóspitas que impresionaron al gran navegante que fue James Cook. Un lugar donde la tierra tiembla casi permanentemente y las erupciones volcánicas de islas vecinas sobrecogen el ánimo.

Allí en la "última Thule" (Tule para nosotros) en el confín del mundo, a 1230 millas de la isla de los Estados está nuestra estación científica Corbeta Uruguay, cubierta por argentinos.

La Armada conoce, investiga, frecuenta y surca orgullosa por todas las aguas e islas de nuestro territorio, aún aquéllos que parecen imposibles para la supervivencia del hombre.

CONCLUSIONES

La historia de Malvinas, tan trágica y amarga para la República Argentina ha sufrido, por el valor de sus hijos, un vuelco de esperanza. El dos de Abril de 1982 un pueblo harto ya, como hemos visto de ser avasallado, resolvió acabar con esa frustración de casi siglo y medio.

Las islas fueron recuperadas, con gran sorpresa del antiguo invásor, el cual creía que seguiría saliéndose con la suya.

Nuestras fuerzas en una operación impecable ocuparon Malvinas y Georgias, sin causar una sola baja al adversario y sufriendo cuatro muertos y tres heridos.

La reacción ha sido desmesurada y cruel. El potente adversario desplegó todo su equipo de guerra moderna y de nuevo la sorpresa, este país al que subestimó una vez, respondió y devolvió golpe por golpe. Hoy en medio de un interludio de negociaciones diplomáticas que nos darás lo que es nuestro o algo menos, pienso que tarde o temprano, por esta generación o las siguientes, toda nuestra herencia insular, será nuestra.

Los tres archipiélagos son como hemos dicho estratégicamente importantes, lo fueron, lo son y lo serán cada vez más. Eso es importante, pero no lo más importante.

Malvinas, Georgias y Sandwich del Sur, tienen importancia económica, y la pesca actual, más el krill, el petróleo y los minerales del fondo del mar, nos muestran una enorme zona marítima virgen y rica que se explotará en el futuro. Eso es importante, pero aún no lo más importante.

Para la Argentina la posesión de sus tres archipiélagos australes, representa mucho más que posesiones insulares. Son las bases de nuestro dominio marítimo, hoy tan grande como el territorio sudamericano y que con las nuevas concepciones de mar económico o patrimonial, podrán ser incorporadas y lo serán sin duda en el futuro.

La vieja concepción de Grotius de las tres millas de mar territorial, aún permanecen con el consenso general desde mediados del siglo XVII. Es la que conviene a las grandes potencias del mar, dueñas de llevar su poder a las costas de los países menos desarrollados. Hemos visto cómo Inglaterra con su Imperio, ocupó también todos los puntos estratégicos que dominaban el gran corredor marítimo mundial; pero las conferencias del mar, después de la Segunda Guerra Mundial, comenzaron a otorgar derechos a las naciones costeras o a dividirlos en aquéllas que estaban enfrentadas; eran derechos de patrimonio marítimo o de zonas económicas exclusivas, el mar comenzó a ser cuadriculado.

Ginebra en 1958 otorgó derechos costeros hasta las 200 millas de profundidad sobre el suelo marítimo, o hasta donde se pudiera explotar el mar. Hoy las 200 millas han sido superadas con holgura. Las aguas sobre esos mares epicontinentales también se otorgarán a la nación costera.

A partir de 1947, los países del Pacífico sudamericano, Chile, Perú y Ecuador desarrollan la tesis de las 200 millas de mar patrimonial o zona económica exclusiva, con o sin plataforma submarina.

Hoy en la conferencia iniciada en Caracas en 1973 y que ha pasado por Ginebra y Washington, se habla de dominio del subsuelo hasta la emersión continental, el sitio donde el continente surge del mar.

Conceptos y distancias son cada vez mayores y también son aceptados o tolerados, aunque no con unanimidad.

No pasará medio siglo sin que todo el mar, las tres cuartas partes de la tierra, o gran parte de él, estará cuadriculado en soberanías, nacionales, binacionales, multinacionales o de explotación común.

Para ese entonces nuestros tres archipiélagos australes habrán desarrollado su máxima capacidad como bases que nos darán el vasto mar Argentino económico y aún soberano, que corresponde a la Argentina. Ello no será posible si no las conservamos aún a costa de grandes sacrificios, sean éstos cuales fuesen y así quedará integrada la Argentina. Sin conquistar tierra de nadie, sino lo suyo por proximidad, históricamente y por derechos legales.

Este gesto de Argentina es el primero de la Independencia total de Latinoamérica, la cual ha comprendido el valor de su acción, para conseguir sacudir las cadenas de la opresión, sea ella política o económica. Se ha dado cuenta también de su potencial que duerme pronto a despertarse en tierra y en su vasto mar, para lograr su completo desarrollo como región.

De ahora en más, con este ejemplo argentino, latinoamérica querrá seguir estando en occidente pero no subalternizada y subestimada por el resto poderoso de ese mismo occidente.

Finalmente, el limpio manejo de la reivindicación argentina ha mostrado frente al duro, violento y cruel opresor, que un pueblo joven se ha levantado buscando un mundo mejor de justicia, razón y libertad y una nueva esperanza ha surgido para nuestra sufrida generación y las que nos siguen.

LAURIO H. DESTEFANI
Contraalmirante (RS)

Bs. As. 12 de Mayo de 1982.

APENDICE N° 1

RELACION DE LOS GOBERNADORES ESPAÑOLES DE MALVINAS Y SUS RESPECTIVOS PERIODOS DE GOBIERNO

1. Capitán de navío Dn. Felipe Ruiz Fuente del 2 de abril de 1767 al 23 de enero de 1773.·

2. Capitán de infantería D. Domingo Chauri del Regimiento Fijo de Buenos Aires del 23 de enero de 1773 al 5 de enero de 1774.

3. Capitán de fragata D. Francisco Gil de Lemos y Taboada del 5 de enero de 1774 al 1° de febrero de 1777. Este gobernador fue ascendido a capitán de navío con fecha 17 de febrero de 1776, así que tuvo ese grado el último año de su gobierno.

4. Teniente de navío D. Ramón de Carassa y Souza del 1° de febrero de 1777 al 22 de noviembre de 1779.

5. Teniente de navío D. Salvador de Medina y Juan del 22 de noviembre de 1779 al 26 de febrero de 1781.

6. Teniente de fragata D. Jacinto Mariano del Carmen Altolaguirre del 26 de febrero de 1781 al 1° de abril de 1783.

7. Capitán de navío D. Fulgencio D. Montemayor del 1° de abirl de 1783 al 28 de junio de 1784. Este gobernador durante todo su gobierno no supo que había sido ascendido a capitán de navío desde el 21 de diciembre de 1782. Por eso figura en algunos textos como capitán de fragata.

8. Teniente de navío D. Agustín de Figueroa desde el 28 de junio de 1784 hasta el 15 de mayo de 1785.

9. Capitán de fragata D. Ramón de Clairac y Villalonga desde el 15 de mayo de 1785 al 25 de mayo de 1786.

10. Teniente de navío D. Pedro de Mesa y Castro del 25 de mayo de 1786 al 15 de mayo de 1787.

11. Capitán de fragata D. Ramón de Clairac y Villalonga desde el 15 de mayo de 1787 al 10 de abril de 1788.

12. Teniente de navío D. Pedro de Mesa y Castro desde el 10 de abril de 1788 al 16 de mayo de 1789.

13. Capitán de fragata D. Ramón de Clairac y Villalonga del 16 de mayo de 1789 al 30 de junio de 1790. Este jefe había ascendido a capitán de navío en octubre de 1789; así terminó con ese grado de gobernación de Malvinas.

14. Teniente de navío D. Juan José de Elizalde y Ustariz desde el 30 de junio de 1790 al 1° de marzo de 1791.

15. Capitán de fragata D. Pedro Pablo Sanguineto desde el 1° de marzo de 1791 al 1° de marzo de 1792.

16. Teniente de navío D. Juan José de Elizalde y Ustariz desde el 1° de marzo de 1792 al 1° de febrero de 1793.

17. Capitán de fragata D. Pedro Pablo Sanguineto desde el 1° de febrero de 1793 hasta los primeros días de abril de 1794.

18. Teniente de navío D. José de Aldana y Ortega desde los primeros días de abril de 1794 al 15 de junio de 1795.

19. Capitán de fragata D. Pedro Pablo Sanguineto desde el 15 de junio de 1795 al 15 de marzo de 1796.

20. Teniente de navío José de Aldana y Ortega desde el 15 de marzo de 1796 al 20 de febrero de 1797. Este jefe ascendió a capitán de fragata el 27 de agosto de 1796 y terminó con ese grado este período de gobierno.

21. Teniente de navío D. Luis de Medina y Torres desde el 20 de febrero de 1797 hasta el 17 de marzo de 1798.

22. Capitán de fragata graduado D. Francisco Xavier de Viana y Alzaibar desde el 17 de marzo de 1798 a los primeros días de abril de 1799.

23. Capitán de fragata D. Luis de Medina y Torres desde los primeros días de abril de 1799 hasta el 15 de marzo de 1800.

24. Capitán de fragata graduado D. Francisco Xavier de Viana y Alzaibar desde el 15 de marzo de 1800 hasta el 31 de marzo de 1801.

25. Teniente de navío D. Ramón Fernández y Villegas desde el 31 de marzo de 1801 al 17 de marzo de 1802.

26. Teniente de navío D. Bernardo de Bonavía desde 17 de marzo de 1802 a fines de febrero de 1803.

27. Teniente de navío D. Antonio Leal de Ibarra y Oxinando desde fines de febrero de 1803 al 21 de marzo de 1804.

28. Capitán de fragata D. Bernardo de Bonavía desde el 21 de marzo de 1804 hasta el 21 de marzo de 1805.

29. Teniente de navío Antonio Leal de Ibarra y Oxinando desde el 21 de marzo de 1805 hasta el 20 de marzo de 1806.

30. Capitán de fragata D. Bernardo de Bonavía desde el 20 de marzo de 1806 hasta fines de agosto de 1808.

31. Primer piloto particular D. Gerardo Bordas desde fines de agosto de 1808 a fines de enero de 1810.

32. Segundo piloto de número de la Real Armada D. Pablo Guillén Martínez desde fines de enero de 1810 al 13 de febrero de 1811.

Todos los gobernadores pertenecían a la Real Armada Española excepto don Domingo Chauri y el anteúltimo D. Gerardo Bordas que era primer piloto particular, aunque poco después de dejar la gobernación de Malvinas fue alférez de fragata de la Real Armada.

APENDICE N° 2

LISTA DE AUTORIDADES ARGENTINAS EN LAS ISLAS MALVINAS

COMANDANTES MILITARES

Del 6-XI-1820 hasta fines de abril de 1821 — **Coronel de Marina David Jewett**

De mayo de 1821 ó principios de junio de 1821 — **Teniente Coronel Guillermo Mason**

Del 2-2-1824 hasta agosto de 1824 — **Capitán de Milicias Pablo Areguatí**

GOBERNADORES POLITICOS Y MILITARES

Del 10-VI-1829 hasta
el 10-IX-1832   Luis Vernet

Del 10-IX-1832 al
30-IX-1832   Mayor Graduado Esteban J. Francisco
                           Mestivier

30-XII-1832 al
3-I-1833   Teniente Coronel de Marina José Ma-
                           ría Pinedo

3-I-1833 al
26-VIII-1833   Juan Simón (interino)

3-IV-1982 al . . .   General de Brigada Mario
                           Benjamín Menéndez

APENDICE N° 3

LISTA DE AUTORIDADES INGLESAS DE LAS ISLAS MALVINAS

I- COMANDANTES NAVALES DE PUERTO EGMONT

8-I-1776 a Enero 1767   Capitán John Macbride

Enero 1767 a Mayo 1770   Capitán Anthony Hunt

Mayo 1770 al 10-VI-1770   Capitán George Farmer

16-IX-1771 hasta fines de
septiembre de 1771   Capitán John Scott

Fines septiembre 1771 a
marzo 1773   Capitán John Burr

Marzo 1773 al 20-V-1774   Teniente Samuel Wittewrong Clayton

II- OFICIALES NAVALES A CARGO DE LAS ISLAS MALVINAS

1834 - 1838   Teniente de la Armada Henry Smith

| 1838 - 1839 | Teniente de la Armada Robert Locway |
| 1839 - 1841 | Teniente de la Armada John Tyssen |

III- GOBERNADORES Y COMANDANTES EN JEFE

1842 - 1848	Teniente Richard Clement Moody
1848 - 1855	George Rennie
1855 - 1862	Capitán Thomas Edward Laus More
1862 - 1866	Capitán G. Mackenzie
1866 - 1870	William Cleaver F. Robinson
1870 - 1876	Coronel George A. K. D'Arcy
1876 - 1878	T. F. Callaghan
15-V-1878 al 20-XII-1878	A. Bailey (interinamente)
1878 - 1880	T. F. Callaghan
6-IV-1880 al 24-XI-1880	Capitán R. C. Packe (interinamente)
1880 - 1886	Thomas Kerr
3-III-1886 al 16-XII-1886	Arthur Cecil S. Barkley (interino)
1886 - 1889	Thomas Kerr
31-VII-1889 al 19-II-1890	E. P. Brooks (interinamente)
1890 a 1891	Thomas Kerr
28-III-1891 al 13-IV-1891	F. S. Sanguinetti (interinamente)
1891 - 1893	Sir Roger Tucker Goldsworthy
13-III-1893 al 14-X-1893	Sir George Melville (interinamente)
1893 - 1894	Sir Roger Tucker Goldsworthy

18-VII-1894 a 4-XI-1894	T. A. Thompson (interinamente)
1894 - 1897	Sir Roger Tucker Goldsworthy
17-IV-1897 al 20-X-1897	F. Craigie-Halkett (interinamente)
1897 - 1902	Sir William Gary-Wilson
1-V-1902 al 1-XI-1902	W. Hart-Bennett (interinamente)
1902 - 1904	Sir William L. Allardyce
22-VI-1904 a 1-IX-1904	W. Hart-Bennett (interinamente)
1904 - 1907	Sir William L. Allardyce
24-IV-1907 al 25-IX-1907	E. H. W. Gran (interinamente)
1907 - 1909	Sir William L. Allardyce
29-XII-1909 al 15-XII-1910	T. A. V. Best (interinamente)
1910 - 1913	Sir William L. Allardyce
21-VIII-1913 al 30-IV-1914	Capitán Quayle Dickson (interinamente)
1914 - 1915	Sir William L. Allardyce
2-IV-1915 al 15-V-1915	C. F. Condell (interinamente)
1915 - 1919	Sir Douglas Young
1919 - 1920	Tte. Coronel T. R. St. Johnston (interinamente)
1920 - 1927	Sir John Middleton
1927 - 1931	Sir Arnold Hodson
1931 - 1935	Sir James O' Grady
1935 - 1941	Sir Herbert Henniker-Heaton

1941 - 1946	Sir Allen Cardinall
1946 - 1954	Sir Miles Clifford
1954 - 1957	Sir Raynor Arthur
1957 - 1964	Sir Edwin Arrowsmith
1964 - 1971	Sir Cosmo Haskard
1971 - 1975	Gordon Lewis
1975 - 1976	Neville French
1977 - 1980	James Parker
1980 - 1982	Richard Masterson Hunt

NOTA: Algunas fechas son aproximadas en el caso de los gobernadores ingleses, cuando no se señala la fecha con día y mes. Es probable que no figure algún Gobernador interino, por días o aún semanas.

BIBLIOGRAFIA PRINCIPAL

Academia Nacional de la Historia. Catálogo de la Exposición Histórica de las Islas Malvinas, Georgias del Sur y Sandwich del Sur. Bs. Aires, 1976.

Academia Nacional de la Historia. Los derechos argentinos sobre las Islas Malvinas. Buenos Aires, 1964.

Academia Nacional de la Historia. El episodio ocurrido en Puerto Soledad en Malvinas el 26 de agosto de 1833. Buenos Aires, 1967.

Alurralde, Nicanor. El primer descubrimiento de las Islas Malvinas (en Boletín del Centro Naval). Buenos Aires, v. 84, N° 669, oct. - dic. 1966, ps. 511 - 526.

Arce, José. Las Malvinas. 2da. edic. Madrid, 1968.

Barcía Trelles, Camilo. El Problema de las Islas Malvinas. Edic. Nacional. Alcalá de Henares, 1943.

Barreiro Meiro, Roberto. Vespucio y Levillier. Revista General de Marina. Octubre 1968. Madrid.

Basílico, Ernesto. La Armada del Obispo de Pasencia y el descubrimiento de Malvinas. Buenos Aires, Instituto de Publicaciones Navales, 1967.

Basílico, Ernesto. Las Malvinas y las Islas Sansón en el islario general de Alonso de Santa Cruz. Boletín del Centro Naval, vol. LXXXIII N° 664, jul. - set. 1965.

Borello, Angel V. Islas Malvinas. Es. 755 - 777 de Geología Regional Argentina. Córdoba, Armando Flacinga, 1972.

Boyson, V. F. The Falkland Islands with notes on the natural history by Rupert Valentín, Clarendón Press. Oxford University, 1924.

Caillet Bois, Ricardo. La Controversia de Nootka Sound y el Río de la Plata. Revista de Humanidades. Tomo XX. Buenos Aires, Ed. Coni, 1929, ps. 341 - 374.

Caillet Bois, Ricardo. Una tierra argentina: Las Islas Malvinas. Buenos Aires, Peuser, 1952. 2da. Edic.

Cichero, Félix Esteban. Las Malvinas: grieta en el mapa argentino. Buenos Aires, Stilcograft, 1968.

Colección de documentos relativos a la historia de las Malvinas. Compilado bajo la dirección de Ricardo Caillet Bois. Buenos Aires, Facultad de Filosofía y Letras, 1961, 2 vol.

Dauss, Federico A. Reseña geográfica de las Islas Malvinas. Buenos Aires, Imprenta de la Universidad, 1955.

Destéfani, Laurio H. La Cuestión de las Malvinas. Capítulo XV de la obra Temas de Historia Marítima Argentina. Buenos Aires, Fundación de Estudios Marítimos, 1970.

Destéfani, Laurio H. El Primer Gobernador Criollo de las Islas Malvinas. La Prensa. Buenos Aires, 1/XI/68.

Destéfani, Laurio H. Jacinto de Altolaguirre. Primer Gobernador Criollo de las Islas Malvinas (1781 - 1783). Investigaciones y Ensayos N° 14. Academia Nacional de la Historia. Buenos Aires, 1973.

Destéfani, Laurio H. Caza Marítima en nuestras costas, ps. 119 a 152 de la obra "Recursos Oceánicos" (varios autores). Fundación de Estudios Marítimos. Buenos Aires, 1976.

Destéfani, Laurio H. El Descubrimiento de las Islas Malvinas. Aporte para un Estudio Crítico. Ed. Universidad de San Juan Bosco. Andes N° 7/79. Comodoro Rivadavia 1979. 2da. Edic. del Dpto. de Estud. Históricos Navales. Buenos Aires, 1981.

Destéfani, Laurio H. Los Marinos en las Invasiones Inglesas. Ed. del Dpto. de Estud. Históricos Navales. Buenos Aires, 1975.

Destéfani, Laurio H. El Alférez Sobral y la Soberanía Argentina en la Antártida. Instituto de Publicaciones Navales. Buenos Aires 1974. 2da. Edic. EUDEBA. Buenos Aires, 1980.

Destéfani, Laurio H. y Cutter, Donald. Tadeo Haenke y el Final de una Vieja Polémica. Departamento de Estudios Históricos Navales. Buenos Aires, 1968.

Destéfani, Laurio H. Manual de las Islas Malvinas (1500 - 1982). Edic. Corregidor. Buenos Aires (En edición).

Destéfani, Laurio H. La Evacuación Española de las Malvinas. Investigaciones y Ensayos N° 4, ps. 169/291. Buenos Aires, 1968.

Destéfani, Laurio H. Las siete invasiones inglesas. Rev. Historia N° 1/81, ps. 36 a 58. Buenos Aires.

Destéfani, Laurio H. Las Malvinas en la Epoca Hispana (1600 - 1811), Edic. Corregidor, Buenos Aires, 1981.

Diario de Sesiones de la Honorable Junta de Representantes de la Provincia de Buenos Aires Sesión del 17 de Diciembre de 1832, Buenos Aires, 1938.

Falkland Island Colonial Report. Her Majesty Stationary Office, 1954.

Fitte, Ernesto. Crónicas del Atlántico Sur. Ed. Emecé. Buenos Aires, 1974.

Fitte, Ernesto. Cronología Marítima de las Islas Malvinas. Buenos Aires, 1968.

Fitte, Ernesto. La agresión norteamericana a las Islas Malvinas. Buenos Aires, 1966.

Fitte, Ernesto. La Junta de Mayo y su autoridad sobre las Malvinas. Separata de la Revista Historia N° 46/67. Buenos Aires, 1967.

Fitte, Ernesto. Las Malvinas bajo la ocupación británica. Investigaciones y ensayos. Academia Nacional de la Historia. Nos. 6 - 7, enero - dic. Buenos Aires, 1969.

Fitte, Ernesto. Las Malvinas después de la usurpación. Separata de la Revista Historia N° 48/67. Bs. As. 1967.

Frezier M. Ingenieur du Roi. Relation du Voyage de la Mer du Sud aux cotes du Chily et du Perou, París, 1732.

Goebel, Julius. La pugna por las Malvinas; un estudio de la historia legal y diplomática. Trad. por el Servicio de Informaciones Navales. M. de Marina. Buenos Aires, 1950.

Goebel, Julius Ludwig. The struggle for the Falkland Islands; a study in legal and diplomatic history. Yale University press, New Haven, 1927.

Gómez Langenheim A. Elementos para la historia de nuestras Islas Maivinas. 2 tomos. El Ateneo. Buenos Aires, 1939.

Groussac, Paul. Las Islas Malvinas. (Es traducción de la obra Les Isles Malouines. Buenos Aires 1909). Buenos Aires 1936.

Guedes Max Justo. Contribuçao a conferencia sobre a história de cartografía Londres 1909.

Hidalgo Nieto, Manuel. La cuestión de las Malvinas. Consejo de Investigaciones Científicas. Instituto Gonzalo Fernández de Oviedo, Madrid, 1947.

Jepper, J. M. A. Ph/D. The metereology of the Falkland Islands and dependencies. 1944 - 1950. The Falkland Island Dependencies. Londres, 1954.

Melli, Oscar Ricardo. Colonización argentina de las Islas Malvinas. Nuestra Historia. N° 4, año 1969, pág. 195 - 204, Buenos Aires, 1968.

Morrison Samuel Elliot. The European discovery of America. The Southern Voyage 1492 - 1616. Oxford University Press, New York. 1974.

Parker Snow, W. A. Two years cruise off Tierra del Fuego, the Falkland Islands, Patagonia and the River Plata, 1857.

Pereyra, Ezequiel F. Las Islas Malvinas. Soberanía Argentina. Antecedentes. Secretaría de Estado de Cultura y Educación. Buenos Aires, 1977.

Ratto, Héctor R. Las actividades marítimas en la Patagonia durante los siglos XVII y XVIII. Ed. Ministerio de Marina. Buenos Aires.

Ratto, Héctor R. La Expedición Malaspina en el Virreinato del Río de la Plata. Buenos Aires, 1936.

Riggi, E. Geología y geografía de las Islas Malvinas. Pág. 41 - 61 de Soberanía Argentina en el Archipiélago de las Malvinas y en la Antártida. Universidad La Plata, 1961.

Ringuelet, Raúl A. Extracto de la Revista del Museo de la Universidad de La Plata (nueva serie). Tomo VI. Sección Zoología. La Plata, 1955.

Ruiz Guiñazú, Enrique. Proas de España en el Mar Magallánico. Ed. Peuser. Buenos Aires, 1945.

Servicio de Hidrografía Naval. Derrotero Argentino. Parte III. Tomo II. Archipiélago Fueguino, Islas Malvinas. 3ra. Ed., Talleres gráficos, Servicio de Hidrografía Naval, Buenos Aires. 1962.

Strange-Ian. The Falkland Islands. Ed. David 8 Charles Newton Abbot Stackespole Books Harrisburg, England, 1972.

Torre Revello, José. Bibliografía de las Islas Malvinas. Buenos Aires, 1953.

Torre Revello, José. Mapas y Planos referentes al Virreinato del Río de la Plata, Buenos Aires, 1938.

Universidad de Valladolid, España. Varios autores. Seminario de Historia de América. El Tratado de Tordesillas y su Proyección. 2 Vol., Valladolid, 1973.

Documentos: del Archivo General de la Nación, del Departamento de Estudios Históricos Navales, del Archivo de la Marina Española Dn. Alvaro de Bazán, Viso del Marquez. Ciudad Real, España y del Archivo General de la Armada Argentina. Cartografía de la Mapoteca del Depto. de Estudios Históricos Navales.

INDICE

Introducción 5

Capítulo I - El imperialismo inglés 7

Capítulo II - Argentina e Inglaterra - Las ocho
invasiones inglesas...................... 13

Capítulo III - Breve descripción geográfica de
las islas Malvinas 25

Capítulo IV - Descubrimiento e historia de las
Malvinas hasta 1763 37

Capítulo V - Las Malvinas bajo el dominio español 53

Capítulo VI - La Argentina en las islas Malvinas
(1811 - 1833) 73

Capítulo VII - Casi siglo y medio de usurpación británica 93

Capítulo VIII - Contribución a la historia de las islas
Georgias del Sur y las islas Aurora 111

Capítulo IX - Contribución a la historia de las islas
Sandwich del Sur 119

Apéndice N° 1 - Relación de los Gobernadores españoles
de Malvinas y sus respectivos períodos
de gobierno 133

Apéndice N° 2 - Lista de autoridades argentinas en las
islas Malvinas 135

Apéndice N° 3 - Lista de autoridades inglesas de las
islas Malvinas 136

Bibliografía Principal 140